Fünf Erzählungen

HERAUSGEGEBEN VON
DORIS UND HANS-JÜRGEN SCHMITT

PHILIPP RECLAM JUN. STUTTGART

Universal-Bibliothek Nr. 9805
Alle Rechte vorbehalten
© 1975 Philipp Reclam jun. GmbH & Co., Stuttgart
Der Abdruck von »Der Führerschein« erfolgt mit freundlicher Genehmigung der Autorin. Alle übrigen Erzählungen erscheinen mit freundlicher Genehmigung des Luchterhand Verlags, auf dessen Ausgaben das Quellenverzeichnis S. 157 hinweist
Gesamtherstellung: Reclam, Ditzingen. Printed in Germany 1993
RECLAM und UNIVERSAL-BIBLIOTHEK sind eingetragene
Warenzeichen der Philipp Reclam jun. GmbH & Co., Stuttgart
ISBN 3-15-009805-X

Der Führerschein

Unter einem Haufen verdächtiger Zivilisten, die die japanische Militärpolizei in dem Keller eines requirierten Hauses in Tschapei gesperrt hielt, gab es einen kleinen, kahlköpfigen, nicht unter vierzigjährigen Mann in nicht einmal besonders zerlumpter Kleidung. Das Gesicht des Mannes, vom Nachdenken wie zerknittert, unterschied sich durch nichts von allen Gesichtern im Keller, die der Druck des bevorstehenden Urteils einander in einer Stunde ähnlich gemacht hatte. In der Kellertür stand der japanische Posten in exakter Uniform, in seinem offenen Gesicht die feste, durch gar nichts erschütterte Überzeugung, daß es seine Pflicht sei, hier zu stehen und Menschen für das Urteil zu bewachen, die verdächtigt waren, auf seine Landsleute aus dem Hinterhalt geschossen zu haben.
Auf einmal traten durch die Tür ein japanischer Offizier und einige Soldaten, die den Befehl bekamen, die Gefangenen zum letzten Male gründlich zu untersuchen. Das Gesicht des Kahlköpfigen blieb unverändert, die seinen Körper und seine Kleider abtastenden Hände brachten seine Gedanken nicht in Unordnung. Da gab es eine Stockung. In seinem Rock wurde ein vergriffenes Papier gefunden: der *Führerschein* des Chauffeurs Wu Pei-li. Der Japaner schickte einen seiner Soldaten weg, der gleich mit einer Nachricht zurückkam. Wu Pei-li wurde abgeführt durch den Keller in den Hof und von dort durch die Torfahrt in den zweiten Hof zu den Garagen. Er mußte zwischen Gewehrkolben warten, vielleicht als erster, auf das Urteil.
Dann kamen aus dem vorderen Haus eine Ordonnanz, drei Generalstäbler, zwei Zivilpersonen. Man breitete eine Geländekarte vor ihm aus und zeigte eine Route an. Wu Pei-lis Gedanken wandten sich weg von dem eben noch unvermeidlichen Tod nach

dem kleinen roten Punkt hinter den Forts. Die Japaner brachten das Auto aus der Garage. Wu Pei-li kam auf den Führersitz, die Revolver der Zivilisten waren kalt auf seinen Schläfen. Die Generalstäbler stiegen ein. »Fahr was das Zeug hält!« Er schaltete ein, hupte wie verrückt das wilde harte Hupen der japanischen Militärautos, das ihn tage- und nächtelang rasend gemacht hatte und auch jetzt rasend machte. Sie fuhren durch Tschapei, durch zerstörte, von Geschossen aufgerissene Straßenzüge, von ratlosen Menschen wimmelnd. Er zog die Straßen hinter sich her, in sein Herz verknotet. Auf seinen Schläfen spürte er die Mündungen der Pistolen, hart, doch schon nicht mehr kalt. Sie flogen über den Kai, die breite Straße zum Brückenkopf aufwärts. Rechts und links führte eine steinerne Balustrade, die auf der Brücke eiserne Gitter ablösten. Die Blicke der Offiziere auf seinem Rücken, die Pistolen gegen seine Stirn kontrollierten all seine Bewegungen, aber die furchtbare Anstrengung hinter der Stirn entging ihnen, der Auftrag und der Kampf mit dem Entschluß. Sie hatten die Balustrade gerade passiert, den Strom schon unter sich. In diesem Augenblick begriff der Chauffeur Wu Pei-li, was von ihm verlangt wurde. Er drehte bei und fuhr das Auto mit den drei Generalstäblern, den beiden Zivilisten und sich selbst in einem kühnen, dem Gedächtnis der Masse für immer eingebrannten Bogen, in den Yangtse.*

Nach einer chinesischen Korrespondenz

---

* Letzter Satz der Zweitfassung: »Er drehte das Steuer, und er fuhr das Auto mit den zwei Generalstäblern und ihrer Ordonnanz und den zwei Zivilpersonen und sich selbst in einem kühnen, dem Gedächtnis des Volkes für immer eingebrannten Bogen in den Fluß.« (Aus: *Der Bienenstock*. Gesammelte Erzählungen, Bd. 1, Berlin u. Weimar 1963, S. 157.)

Die schönsten Sagen vom Räuber Woynok

> »Und habt ihr denn etwa keine Träume, wilde und zarte, im Schlaf zwischen zwei harten Tagen? Und wißt ihr vielleicht, warum zuweilen ein altes Märchen, ein kleines Lied, ja nur der Takt eines Liedes, gar mühelos in die Herzen eindringt, an denen wir unsere Fäuste blutig klopfen? Ja, mühelos rührt der Pfiff eines Vogels an den Grund des Herzens und dadurch auch an die Wurzeln der Handlungen.«

Der Räuber Gruschek, der mit seiner Bande im Bormoschtal überwintert hatte, stieß auf die Spur des jungen Räubers Woynok, der immer allein raubte. Gruscheks Leute waren den Winter über nie müde geworden von Woynok zu erzählen, den noch keiner von ihnen je selbst gesehen hatte. Gruschek ging einen halben Tag lang der Spur nach, bis er Woynok erblickte, am zweitobersten der Prutkafälle, in der Sonne auf einem Stein. Woynok griff nach seiner Flinte; dann erkannte er Gruschek an allen Zeichen, an denen ein Räuber den andern erkennt. Er kletterte von seinem Stein herunter und begrüßte Gruschek als den älteren. Sie setzten sich auf die Erde, Gesicht gegen Gesicht, und verzehrten zusammen ihr Brot.

Gruschek betrachtete Woynok gründlich. Woynok sah noch viel jünger aus, als man ihm berichtet hatte; seine Augen waren so klar, als hätte niemals der Schaum eines einzigen unerfüllt gebliebenen unerfüllbaren Wunsches ihre bläuliche Durchsichtigkeit getrübt. Gruschek konnte in diesen Augen nichts anderes finden als sein eigenes haariges, altes Gesicht und was ihm über die Schultern sah an Berggipfeln und Wolken.

Gruschek sagte: »Ich habe vierzig Räuber. Das ist gerade die rechte Zahl. Warum raubst du immer allein?«

Woynok erwiderte: »Ich will immer allein rauben. Einmal in Doboroth hab ich mit einem entlaufenen

Soldaten gemeinsame Sache gemacht. Dieser Soldat hatte ein Mädchen. Erst lief es mir nach; dann verriet es den einen von uns an den anderen und uns beide an einen dritten. Damals hat es mich etwas gekostet, lebend davonzukommen. Nein, ich will auch kein Mädchen mehr. Ich will immer allein rauben.«
Gruschek betrachtete Woynok erstaunt. Er hatte in seinem langen Leben gelernt, die Worte eines Mannes nach ihrem reinen Gewicht an Aufrichtigkeit abzuwägen. Wie hätte er sonst so lange eine Bande von vierzig Räubern zusammenhalten können, ohne daß je Verrat oder Zwist ihren Ruhm beschädigte? Nicht nur heute und morgen, immer wird Woynok zu seinen Worten stehen. Gruschek betrachtete ihn nochmals eindringlich. Eine Menge Gedanken flogen durch seinen Kopf, von denen nichts anderes verlautete als das Knacken seiner ineinandergeschlungenen Finger. Woynok hob bei diesem Knacken den Kopf. Dann lief sein Blick gleich fort von Grascheks Gesicht zu den braunen Flocken der Eichenwälder in den tiefen Falten der Berge. Gruschek sagte: »Wenn du jemals etwas brauchst, Essen oder Kleider, Feuer oder Waffen – komm zu uns; wir werden unser nächstes Winterlager in der unteren Prutka zwischen der großen und der kleinen Wolfsschlucht in dem Spalt zwischen den beiden Paritzkafelsen halten.«
Sie nahmen Abschied voneinander. Woynok kletterte auf seinen Stein zurück. Gruschek kletterte vorsichtig den Abhang herunter. Jetzt sah es aus, als sei sein kleiner knorpliger Körper nicht von Alter gekrümmt, sondern damit er sich besser den Krümmungen der Bergabfälle anpassen könnte.

Woynok vergaß Gruschek, sobald er ihn aus den Augen verloren hatte. Er dachte nicht mehr an die Worte, die Gruschek über das Winterlager gesagt hatte und vergaß sie. Er zog die Prutkafälle aufwärts bis zu den Quellen, in die südöstliche Prutka,

wo der Sommer zuerst und am stärksten hinkommt. Hier gibt es keinen Felsen; steile Wiesen grenzen bald an den Himmel, bald an den dichten, fast schwarzen Hochwald. Drunten im Paritzkatal sieht man Gehöfte und Bienenstöcke und zwei Mühlen. Jetzt war die Luft so still, daß man dort oben die Pfiffe des Fährmanns hörte und die Mühlen und das Klingeln von den zerbrochenen Sensen und all dem metallenen Zeug, das die Bauern in ihre Äcker zu hängen pflegen, um das Wild zu schrecken.
Alles, was Woynok in diesem Sommer tat, ist so oft erzählt worden, daß man es nicht wiederholen muß: wie er den Fährmann auf dem Paritzkafluß überlistete, wie er als falscher Gast in die Hochzeit des reichen Bauern auf Marjetze Upra einbrach, wie er das Kloster von St. Ignaz in Brand steckte ... Langsam kühlte auch dieser Sommer ab. Woynok zog sich dahin zurück, woher er gekommen war. Er vernahm zuweilen das Dengeln der Sensen, aber nur wenn der Wind von der Paritzka wehte. Wehte er von der Prutka, dann rauschte nur der Wald. Woynok ruhte sich aus von all den stillen und klaren Nächten, die er ohne Lust auf Schlaf durchstreift hatte. Er wühlte sich zuerst in das Laub ein, das sich am Waldrand staute, dann in den Hochwald selbst. Der Regen prasselte bald, aber das Laub war noch warm und trocken. Woynok horchte schläfrig, bis zu den Ohren im Laub – dann war es wieder lange still, an der beharrlichen Dämmerung merkte Woynok, daß der Schnee begonnen hatte. Schlaf übermannte ihn.
Er wachte auf, als die Äste knackten. Schon war es kein gewöhnlicher Sturm mehr; er bog den Hochwald wie Binsen auseinander. Ein Winter war da, wie Woynok, jung wie er war, noch keinen erlebt hatte. Gab es doch selbst im tiefsten Wald keine Sicherheit. Woynok mußte dem Schneetreiben folgen wie alles, was keine Wurzeln hatte – aber auch Bäume wurden

in diesem Winter entwurzelt.
Woynok wurde, immer zugleich um sich selbst kreisend, in die westliche Prutka in die Felsen hineingetrieben. Er bekam Kehle und Ohren voll Schnee, und dieser Schnee gefror. Er zog die Knie an und machte sich klein und leicht, als könnte er wie ein Blatt den Schneesturm überdauern. Er prallte aber hart nieder, wo es ihn hinwarf. In einer Atempause riß er die Augen auf und erblickte gerade unter sich ein Tal voll Lichter: die Stadt Doboroth. Er erschrak. Der Sturm packte ihn wieder; der hatte seine erste Stärke noch gar nicht erreicht. Woynok wurde jetzt in die Paritzka zurückgetrieben und aus der Paritzka zurück in die Prutka. Am Abend des dritten Tages bekam er noch einmal Boden unter die Füße. Er hatte sich in einen Felsspalt verfangen. Jetzt hatte er die Wahl, sich flachzumachen, um rasch zu Tod zu erstarren, oder, immer um sich selbst kreisend, weiterzufliegen; vom letzten hatte er genug.
Auf einmal wurde der Schnee vor seinen Augen rotgold, als streife er im Niederfallen eine große Helligkeit, ein Licht oder einen Brand. Woynok wußte, daß es kein solches Licht in der Prutka gab, und daß der Tod solche Farben zaubert. Er kroch trotzdem darauf zu. Da sah er unter sich in dem tiefen Spalt zwischen den Paritzkafelsen ein großes Feuer. Unbehelligt von Schneetreiben und Kälte hatte dort unten Gruschek sein Winterlager errichtet, genau an der Stelle, die er Woynok im Frühjahr wahrheitsgemäß beschrieben hatte.

Woynoks Stimme, so schwach sie war, wurde im Lager sofort gehört. Ob der Sturm bereits nachließ oder ob Gruscheks Räuber ernstlich erwarteten, der, von dem sie in einemfort erzählten, könnte endlich Gestalt annehmen, oder ob Gruschek einfach die Richtung des Sturmes berechnet hatte und Woynoks Kraft und auf jeden Fall Wachen ausgestellt ...

jetzt drängten sich die Räuber zusammen und staunten Woynok entgegen. Woynok kletterte noch ein Stück abwärts; dann waren seine Kräfte plötzlich zu Ende. Er setzte sich auf den Schnee. Gleich darauf kletterte Gruschek herauf und setzte sich zu ihm, Gesicht gegen Gesicht. Dann ließ er Woynok ins Lager hinuntertragen und ihm heiße Plischka zu trinken geben, und seine besten eigenen Kleider ließ er vom Leib weg Woynok anziehen und für sich selbst andere bringen. Dann ließ er Fleisch herbeitragen und alle übrige Plischka. Er ließ so viel Holz aufs Feuer legen, wie man sonst für Wochen verbrauchte. Woynok saß reglos auf dem Fleck, auf dem man ihn niedergelegt hatte. Hinter seinen geschlossenen Lidern war noch immer die eintönige Wildheit des Schneetreibens. Als er schließlich die Augen aufbrachte, brannte das Feuer so hoch, wie er noch nie eins gesehen hatte. Gruschek, da seine Befehle ausgeführt waren, beobachtete Woynok, der nicht nur die Augen sofort wieder schloß, sondern jetzt das ganze Gesicht mit den Händen bedeckte. Woynok tastete in Gedanken seinen Körper ab, ob er irgendwo Schaden genommen hätte. Er bewegte die Finger und Zehen. Obwohl er nichts fand, spähte er weiter nach einem solchen Schaden, der ihm bestimmt irgendwo im Fleisch steckte, wenn er ihn auch noch nicht entdeckt hatte. Als er die Augen doch wieder öffnete, blendete Gruscheks Gesicht, das sich dem seinen fast um eine Handbreit genähert hatte, das ganze Lagerfeuer ab. Gruschek klemmte sein zottiges Hündchen zwischen die Knie. Das wurde gerade unruhig, weil die Räuber zu feiern begannen. Das unausgesetzte, klägliche I-i-i-i einer Ziehharmonika übertönte den Lagerlärm. Plötzlich ließ Gruschek das Hündchen hüpfen, stemmte die Arme in die Hüften und wiegte den Oberkörper hin und her. Dieser Anblick erfüllte Woynok mit Schrecken, und er senkte vor Scham die Augen. Gruschek stieß einen Schrei aus wie gestochen

9

und schnellte in die Luft und schnappte in die Knie zurück. Die Räuber schrieen und klatschten. Gruschek schnellte hoch und herunter, als sei sein Alter bloß ein Betrug, und Lüge sein weißes Haar und Gaunerei seine Häuptlingswürde. Die Räuber gerieten vor Freude außer sich, weil Gruschek in ihrer Mitte Lug und Trug fahren ließ. Auch das Hündchen geriet außer sich. Es fletschte mit gesträubtem Fell seinen ausgewechselten Herrn an. Alle brüllten, daß es bis nach Doboroth zu hören war und man dort zitternd dachte: so nahe sind sie also, aber Schneesturm und Wölfe sind ihre Hüter.

»Ich will fort von hier«, dachte Woynok verzweifelt, »aber warum soll ich schon fortgehen? Ich bin ja nicht Soldaten in die Hände gefallen, ich bin ja unter Räubern. Ich will fort, solange es noch Zeit ist. Aber warum soll ich schon fort? Ich bin ja nicht in Doboroth, sondern in Gruscheks Lager.«

Die Räuber brüllten, wobei sie die Köpfe zurückwarfen und auf die Erde stampften. Plötzlich fiel Gruschek in sich zusammen, als hätte man seine Sprungfedern durchgeschnitten. Er sah jetzt noch älter als vordem aus. Das Hündlein drückte sich froh gegen sein Knie. Auch die Räuber ließen nach. Und war es denn dieselbe klägliche Ziehharmonika, die jetzt auch alles beschwichtigte, alles einschläferte, was sie aufgestört hatte? Bald kam es Woynok vor, er sei der einzige, der noch am Feuer wach war. Jetzt war die Gelegenheit da, sich unbemerkt fortzustehlen –

»Es war einmal ein Mädchen, das wohnte mit
                      seiner Mutter
im schwarzen Walde von Doboroth.
Jede Nacht, wenn das Licht anging,
kam der Wolf bis unter das Fenster –«

»Warum soll ich mir ihre Lieder nicht anhören?« dachte Woynok, »es sind ja Räuberlieder. Warum

soll ich nicht an ihrem Feuer liegen, es ist ja ein Räuberfeuer. Warum soll ich mich nicht mit ihnen freuen, es sind ja Räuberfreuden.«
»Die Mutter sagte zu dem Mädchen: Nimm den Jäger – denn er hat seine Flinte, nimm den Händler – denn er hat seinen Kasten mit Äpfeln, Schnürsenkeln und Heiligenbildern. Nimm den Köhler – denn er hat seine Hütte, aber den Wolf kannst du nie nehmen.
Als das Jahr um war, wer saß in Revesch vor der Kirchentür? Das Mädchen. – Was hatte es in sein rot und grün gewürfeltes Tüchlein gebunden?
Der Pfarrer sagte zu dem Mädchen: Alle Art Kinder kann man taufen, aber Wolfskinder kann man nicht taufen.
Da weinte das Mädchen und ging zurück in den schwarzen Wald von Doboroth.«
Die Räuber lachten, aber Woynok war es nicht zum Lachen. Den Mädchen aus den Dörfern hat er nicht nachgetrauert, er wird ihnen nicht nachtrauern, er braucht sie nicht, und er wird sie nicht brauchen. Aber diesem Mädchen trauert er nach. Sie war hell und bleich, mit kleinen Schritten bewegte sie sich, mit niedergeschlagenen Augen; sie war braun und frech, ihre Zöpfe klatschten. Sie war, wie man sie wollte, und doch war sie gar nicht da – war das nicht zum Trauern?
Jetzt kamen die Räuber erst richtig in Zug. Klar und rein waren ihre Lieder wie die Orgel von St. Ignaz an jenem Pfingstmorgen, als sich Woynok zum erstenmal unter die Kirchgänger gemischt hatte, um alles genau zu erkunden, bevor er Feuer legte. Nie hatte er etwas begehrt, was man nicht hatte rauben können – durch Gewalt oder durch List, als Pilger verkleidet, oder den Fuß in den Türspalt geklemmt und zugleich den Flintenlauf. Nie hatte er Leiden gekannt, die man nicht aus dem Fleisch herausschneiden oder ausbrennen konnte, oder einfach von sich abschütteln wie Läuse. Jetzt aber, minutenlang über

dem Feuer, gab es unraubbare Freuden und unausbrennbare Leiden, denn sie waren gar nicht da. Woynok hielt sich ganz aufrecht, um vor Grascheks unausgesetztem Blick sein Unglück zu verbergen. Wie konnte Gruschek auch ahnen, daß dasselbe Lagerfeuer, das sie alle glücklich machte, nach einem geheimen, selbst ihm verborgenen Gesetz, wenn es mit Woynok zusammentraf, Trauer erzeugte? Gruschek glaubte auch später, Woynok krümme sich nur zusammen, weil ihn schließlich doch der Schlaf übermannt hätte.
Woynok richtete sich unvermutet auf und sagte: »Ich will jetzt fortgehen.« Gruschek verbarg seine Enttäuschung. Er schenkte Woynok alles Zeug aus Fell und Leder, womit er ihn bei seiner Ankunft bekleidet hatte. Er ließ ein paar Fleischstücke für ihn rösten und gab ihm alles, was ihm irgendwie dienlich sein konnte. Woynok bedankte sich und verabschiedete sich. Genau wie bei seiner Ankunft drängten sich die Räuber zusammen und staunten ihm nach, wie er sich vom Lager entfernte und aus der Schlucht herauskletterte in die tödliche Einsamkeit der inzwischen verstummten, inzwischen vereisten Prutka.

Kaum hatte Woynok den Spalt zwischen den Paritzkafelsen im Rücken, als er vergaß, was er erlebt hatte. Er dachte nicht mehr an Gruschek und sein Winterlager und vergaß ihn.
Woynok soll sich, nachdem er Gruschek verlassen hatte, etwas zu lang an die Westwand des kürzeren Paritzkafelsens gehalten haben. Dadurch soll mit ihm folgendes geschehen sein: Plötzlich waren die Felswände um ihn herum mit gelben Augenlichtern bespickt. Er war in die obere Wolfsschlucht geraten. Woynok wußte über die Wölfe, daß sie gar nichts in einem Stück schlingen können wie Bären und Luchse, sondern alles reißen müssen. Trotz ihrer furchtbaren Gier dürfen sie nichts sofort haben und nichts in

einem. Woynok warf einzeln von sich, was er am Leibe trug, all das gute Zeug aus Fell und Leder, Stück für Stück, wodurch er den Ausgang der Schlucht zurückgewann.

Der Winter war lange und hart, aber Woynok kam die zweite Hälfte nicht mehr so hart vor. Er verbrachte die Schneeschmelze im Wald von Marjakoy, dann zog er bis zu den oberen Kiruschkafällen. Im Herbst und Frühjahr hört man sie noch in Revesch donnern. Ihr zarter und goldener Wasserstaub füllt nicht nur das ganze Kiruschkatal, sondern verdampft bis in den Sommer hinein über den Prutkabergen. Woynok zog dem Kamm des Gebirges nach, das Kiruschkatal im Rücken. Einzelne Siedlungen waren noch immer so nah, daß er zuweilen Holzschläge hörte. Unter sich aber sah er bald nichts mehr als Wälder, Wälder so dicht und undurchdringlich, daß die Kronen eine einzige grüne Ebene bildeten, auf die die Wolken Schatten warfen. Waren die Tage dunstig, dann zerschmolzen die Wälder in den Himmel. Manchmal, wenn es ganz klar war, erblickte Woynok zwischen Himmel und Waldgrenze einen schmalen, ausgezackten, ihm völlig unbekannten Gebirgskamm. Woynok hatte in diesem Frühjahr nichts unternommen, um seine Kraft für etwas Neues zu sparen: durch die undurchdringlichen Wälder bis zu diesem Gebirgskamm vorzustoßen, wo es gewiß auch wieder Klöster und Dörfer, Brücken und Mühlen geben mußte.

Eines Nachts wachte Woynok in seiner Baumkrone auf. Er wußte nicht, was ihn geweckt haben konnte. Er kroch in eine andere Astgabel, aber er wurde sofort wieder geweckt. Tief unter ihm kratzte etwas am Baumstamm und winselte. Woynok wickelte Arme und Beine fester um die Äste. Er kannte in diesen Wäldern kein Tier, das derart erbärmlich zu winseln pflegte. Darum beugte er sich nochmals vornüber.

Dieses gesträubte winzige Tier bedeutete gar nichts, falls es in Wirklichkeit überhaupt etwas so Klägliches gab. Und auch als Traum war es lästig und kläglich. Woynok schlief weiter; ihm träumte jetzt, Grucheks Hündchen liefe so schnell um den Baum, daß seine Augen helle Kreise beschrieben. Plötzlich schnurrte es weg und war verschwunden. Jetzt schlief Woynok erst richtig. Da war es schon wieder, rutschte auf Bauch und Vorderfüßen und raunzte. Dann ging es den Baum mit Sprüngen an. Das machte Woynok im Schlaf lachen. Woynok hatte noch kaum begriffen, daß diese besessenen Sprünge gar nicht erlahmten, sondern jedesmal höher wurden, als er die Zähne von Grucheks Hündchen schon am Fuß spürte.
Woynok war jetzt vollständig wach und kletterte herunter. Grucheks Hündchen brachte an seinem Hals eine Botschaft: Gruchek lag mit seinen Leuten hinter dem Wald von Marjakoy in einem der schluchtartigen Nebentäler des Kiruschkatals. Soldaten aus Marjakoy, Revesch und Doboroth hielten den Talausgang besetzt. Gruchek war also verloren, wenn ihm nicht Woynok half, so wie Woynok im Winter verloren gewesen wäre, wenn ihm nicht Gruchek geholfen hätte. Woynok verscheuchte den Hund mit einer Handvoll Eicheln. Er kletterte in seine Astgabel zurück. Wozu hatte ihm Gruchek überhaupt diese Botschaft geschickt? Wozu war es nützlich für ihn, Woynok, zu erfahren, daß Gruchek jetzt zugrunde ging? Gruchek hatte ihn nie im geringsten gestört bei irgendeiner seiner ganz anders gearteten Unternehmungen; so daß Woynok jetzt weder Genugtuung spürte noch Erleichterung. Gruchek ging eben zugrund, so wie auch er, Woynok, oft nahe genug daran war zugrunde zu gehen, und vielleicht auch morgen zugrund ging. Sonderbar kam ihm vor, daß ihn Gruchek bei dieser Gelegenheit an seinen Aufenthalt im Winterlager erinnerte. Ebenso gut hätten ihn die Wölfe hinter den Paritzkafelsen daran erinnern kön-

nen, daß er rechtzeitig ihre Schlucht verlassen hatte. Woynok wünschte sich, es möchte schnell Tag werden, ein nicht zu feuchter, nicht zu dunstiger Tag, damit er den ausgezackten, ihm noch unbekannten Gebirgskamm hinter den Wäldern betrachten könnte. Er wollte an diesem, vielleicht schon in der nächsten Minute beginnenden Tag nicht nur den Gebirgsabfall hinter sich bringen, sondern bereits ein Stück in die Wälder eindringen. Er ahnte aber auch schon, daß er keineswegs seinem Wunsch folgen würde, sondern Grušcheks Hündchen in entgegengesetzter Richtung, sobald es Tag war.

Woynok soll Grušcheks Bande dadurch befreit haben, daß er an den Schwanz des Hündchens eine Lunte band. Die Soldaten sollen später in Revesch, Doboroth und Marjakoy erzählt haben, ein ganzer Schwarm feuerschwänziger Teufelchen sei den Räubern beigeflogen. Das ist alles lang und breit in vielen Geschichten und Liedern beschrieben worden. Für uns ist das Gespräch wichtiger, das Grušchek mit Woynok führte, als beide am Abend desselben Tages, Gesicht gegen Gesicht, etwas abseits von den andern auf der Erde saßen. Grušchek sagte: »Auf der ganzen Welt gibt es keine solche Bande wie die meinige – nichts, was sie nicht unternehmen könnte.« Er brach ab, als sei es jetzt an Woynok, etwas zu äußern. Aber Woynok verhielt sich reglos und blickte nur weiter in Grušcheks Gesicht. Grušchek erschienen Woynoks Augen noch immer klar und durchsichtig. Fand er doch wieder nichts anderes darin als sein eigenes Gesicht. Grušchek fuhr also fort: »Diese Soldaten werden gewiß mit Verstärkung wiederkommen. Ich bin alt, das ist es. Möchtest du nicht meine Bande an meiner Statt führen?« Woynok erwiderte: »Nein.«
Grušchek zeigte keine Enttäuschung. Er gab alle Anweisungen, um Woynok als Gast zu feiern. Woynok brauchte diesmal sein Gesicht nicht zu verbergen.

Vielleicht, weil man doch nur ein mäßiges Sommerfeuer gerichtet hatte, vielleicht, weil ihn das alles nicht mehr überraschte – er blieb unter Grascheks unausgesetztem Blick aufrecht und unbewegt. Er legte sich erst nieder, als Gruschek sich selbst ächzend neben ihm ausstreckte. Das Fest wurde zunächst noch lauter, dann fiel es plötzlich zusammen mit dem Feuer, bis auf das I-i-i-i der Ziehharmonika und die glimmende Asche, die man jeweils für den kommenden Abend bewahrte. Woynok glaubte, Gruschek schliefe schon längst, doch Gruschek hatte das von Woynok keinen Augenblick geglaubt. Gruschek verstand sich genug auf Menschen, um zu wissen, daß man zuweilen keine Geschenke braucht, um etwas bei ihnen zu erreichen. Man braucht nicht die schönste Tochter des Großbauern von Marjetze Upra zu entführen; man braucht keine Zigeunermädchen aus Doboroth kommen zu lassen; man braucht nicht einmal etwas zu versprechen; auch Drohungen sind ganz überflüssig. Das klägliche I-i-i-i einer Ziehharmonika kann einem Herzen den Rest geben, wenn ihm alles andere vorher gegeben wurde. Plötzlich sagte Gruschek: »Wirst du, Woynok, wenn ich dich jetzt selbst darum bitte, uns wenigstens aus dem Kiruschkatal herausführen?« Woynok wartete einen Augenblick, um seine Überraschung zu verbergen, daß Gruschek doch noch wach war. Dann sagte er: »Ich werde euch oberhalb der Kiruschkafälle in der Richtung auf Preth führen.«

Woynok führte Grascheks Anweisungen ohne Abweichungen und ohne Unterwürfigkeit aus, etwa so, als biete ihm Grascheks Bande endlich Gelegenheit, seine eigenen Pläne im großen zu verwirklichen. Auf dem Zug durch die Kiruschka oberhalb der Wasserfälle überfiel er mit Grascheks Räubern ein reiches Dorf, in dem gerade der Stephanstag gefeiert wurde. Sie überwältigten mühelos die betrunkene Bauernschaft.

Am Abend desselben Tages, den die Mönche zu Ehren ihres Schutzpatrons ausläuteten, überfielen sie auch das Bergkloster St. Stephan. Sie brannten es bis auf den Felsen nieder. Nachts sind dann die Mönche auf die andere Gebirgsseite gezogen und haben dort über Revesch noch vor Sonnenaufgang das neue Stephanskloster gegründet über dem Schrein mit der Pfeilspitze, den ihr Abt noch gerettet hatte.
In den Dörfern von Preth bis Doboroth verbreitete sich die Nachricht, daß Woynok in Grutscheks Bande eingetreten war. Glasig wurden die Augen der Bauernkinder, wenn sie nachts in den Bergen in einem ausgebrannten Gehöft die Räuber schreien hörten oder zu hören glaubten. Anders als je faßten dann die Bauern ihre Weiber.
Als die Regenzeit anbrach, führte Woynok die Bande tief in die westlichen Kiruschkawälder. Wie hatte früher der Regen gerauscht, wenn sich Woynok ins Laub hineingewühlt hatte, der einzige lebende Mensch im Wald zwischen Revesch und Doboroth. Was war denn das für ein Regen in diesem Herbst, wenn die Lieder von ein paar Räubern, wenn die alten ächzenden Atemstöße Grutscheks genügen, um sein Rauschen zunichte zu machen?
Eines Abends erblickte Woynok in der Luft ein paar Schneeflocken. Sie wurden sofort durchsichtig und zerfielen. Woynok sah sich rundum, als sei es nun auch an den Gesichtern, durchsichtig zu werden und zu zerfallen. Er stieß dabei auch auf Grutscheks Gesicht, das wie immer genau gegen das seine gerichtet war, in gespannter Eindringlichkeit, die kein falsches Vertrauen minderte. Grutschek merkte an diesem Abend zum erstenmal, daß Woynoks Blick nicht mehr klar war, sondern wie alle Blicke getrübt von unerfüllt gebliebenen oder sogar unerfüllbaren Wünschen. Grutschek hätte gar gern diese Wünsche gekannt. Woynok hatte aber im Augenblick nur einen einzigen Gedanken. Er fragte sich, welche Vorkeh-

rungen Gruschek bereits getroffen haben mochte, um sich und seine Leute vor ihm, Woynok, zu schützen.
Als der Winter zu Ende war – und der war eigentlich schon zu Ende als Woynok noch gespannt auf seinen Anbruch wartete – zog die Bande auf Grascheks Vorschlag, der aber durchaus mit Woynoks Wünschen zusammenfiel, nach dem Ostabfall der Kiruschka zurück. Sie schlug ihr Lager bei jenem Punkt auf, den Woynok im vorigen Frühjahr gewählt hatte, als Gruscheks Hündchen ihn aufspürte. Wie ein Vogelnest klebte das Lager an dem äußersten Gebirgsrand.
Mit Menschenaugen war die Weite der Wälder nicht abzuschätzen, die schwärzer wurden, je blauer der sommerliche Himmel. Wenn wirklich das Ausgezackte hinter den Wäldern ein neuer Gebirgskamm war und nicht etwa doch ein Wolkenstreifen, dachte Woynok, dann mußte dort alles vollständig verschieden sein von dem, was es hier gab. In der Nacht, als die Räuber schliefen, entfernte sich Woynok vom Lager, um sein altes Vorhaben endlich auszuführen. Er kletterte die Bergwand hinunter und versuchte, allein in den Wald einzudringen. Der Geruch und die Dunkelheit betäubten ihn. Eine jede seiner Bewegungen schien sich in die Unendlichkeit fortzupflanzen; als zucke der Wald zusammen über dem Splitter, der in ihn eingedrungen war. Woynok kletterte auf einen Baum, um die Richtung nachzuprüfen. Kaum, daß er sich vom Gebirgsabfall entfernt hatte. Von der Unendlichkeit der Wälder war noch so wenig genommen wie von dem ausgestirnten Himmel. Aber ganz nahe, einen Katzensprung weg, glühte das Lagerfeuerchen auf dem Abhang.
In dieser Nacht drang Woynok nicht mehr tiefer in die Wälder ein, sondern kehrte zu Gruscheks Lager zurück. Gruschek war recht zufrieden, als Woynok tags darauf das Lager abbrechen ließ. Die Zeit der Hauptunternehmungen war angebrochen.
Woynok hatte inzwischen den Entschluß gefaßt, Gru-

scheks Bande zu vernichten mit Stumpf und Stiel, so wie man etwas vernichtet, was man auch im Traum nie mehr erblicken, woran man nie mehr denken will.
Woynok führte die Bande in scharfem Zickzack durch die Kiruschka und durch die Prutka. Angesengte Dörfer ließ man zurück, ausgeplünderte Pilgerzüge, verkohlte Gehöfte. Schließlich brachte Woynok die Bande zur Rast und zum Beutesichten in die westliche Prutka, zwischen die obere und die untere Wolfsschlucht, in den Spalt zwischen den beiden Paritzkafelsen, den Ort des vergangenen Winterlagers. Jetzt war der Spalt bis auf Mannshöhe mit dem warmen trockenen Laub der Paritzka-Eichen aufgefüllt. Die Räuber wühlten sich hinein und schliefen. Woynok legte eine Lunte durch das Laub, verrammelte den Ausgang und zündete die Lunte von außen an. Dann lief er weiter – brachte in wenigen Stunden die ganze Prutka hinter sich. Er dachte nicht mehr an Gruschek und seine Bande und vergaß ihn. Auf einem Felsvorsprung hinter dem Schwesternberg, von dem die Kiruschkafälle herunterkommen – aber die Regenzeit hatte noch nicht begonnen und die Fälle donnerten noch nicht, sondern plätscherten – legte sich Woynok schlafen. Er wachte von einem Winseln auf. Als er abwehren wollte was an ihm schnupperte, konnte er die Hand nicht bewegen. Er öffnete seine Augen und erblickte Grascheks Hündchen. Gruschek selbst blickte auf den gefesselten Woynok hinunter und lachte und sagte: »Jetzt hast du doch fast ein ganzes Jahr in unserer Mitte gelebt, Woynok; aber du hast immer noch nicht verstanden, was eine Bande ist. Du hast den Paritzkaspalt angezündet, ich aber habe den Räubern befohlen, einer auf die Schultern des anderen zu steigen. Die untersten Sprossen dieser Leiter sind freilich verkohlt, aber die meisten von uns sind doch, überzeuge dich selbst, auf diese Weise entkommen.«
Gruschek ließ den gefesselten Woynok neben sich her

durch die Prutkaberge zurücktragen. Während sein Hündlein an Woynok herumhüpfte, raunzend und winselnd in einem Gemisch von Kläglichkeit und Wiedersehensfreude, fuhr Gruschek fort, seinen Gefangenen zu belehren: »Diese Leiter mußte natürlich schnell errichtet sein. Trotzdem ist mir mein alter Kopf klar geblieben; habe mir ganz genau überlegt, wen ich zur unteren Sprosse mache, wen zur mittleren, wen zur oberen, wen ich vor allen Dingen heraufklettern lasse. Lieber Woynok, wie dir bekannt ist, haben oft handfeste Burschen aus den Prutka- und Kiruschkadörfern den Weg zu unserem Lagerfeuer gefunden. Auf den Knien haben mich diese Burschen angefleht, ich möchte ihnen erlauben, bei uns das Räuberhandwerk zu erlernen. Zuverlässige starke Burschen, eine Freude, sie bloß anzusehen. Mehr als vierzig darf aber eine Bande auch nicht haben – ausarten darf das ja auch nicht. Im geheimen habe ich oft bedauert, daß ich nicht manchen ganz einfach mit diesem oder jenem meiner Leute austauschen konnte, der abgeklappert war und bereits entbehrlich. So was habe ich aber niemals verlauten lassen, natürlich nicht, man soll immer nur klare Anweisungen für notwendige Unternehmungen geben – bloße Wünsche und unausgegorene Pläne soll man für sich behalten. Darin, Woynok, sind wir beide uns ja auch einig.
Aber gestern, als deine Lunte eine Lücke in meine Bande riß, habe ich wieder an diese frischen, tatdurstigen Bauernburschen denken müssen, und da war es in meiner Macht gelegen, die Lücke dorthin zu verschieben, wo Auffrischung längst nottat. Wie du siehst, Woynok, hast du uns sogar gestern eher Nutzen als Schaden gestiftet.«
Unterdessen waren Gruschek und seine Leute mit ihrem Gefangenen bei der unteren Wolfsschlucht angelangt. Dorthin hatte die Bande zunächst ihr Lager verlegt. War doch die Schlucht erst nach dem Schneefall von Wölfen bevölkert. Gruschek ließ Woynoks

Fesseln aufknoten. Er zeichnete ein kleines Kreuz auf die Erde und hieß Woynok sich daraufstellen. Dann befahl er den Räubern, ihre Flinten zu laden und einen Kreis um Woynok zu schließen.
Das ganze Jahr über, das Woynok in ihrer Mitte verbrachte, hatten die Räuber nie mehr über Woynok nachgedacht. Man könnte sagen, daß sie ihn vergessen hatten. Jetzt aber, nach so langer Zeit, war endlich wieder ein Raum zwischen ihm und ihnen, der Raum zwischen seiner Brust und den Mündungen ihrer Gewehre. Er war wieder der Woynok von früher, der sich höchstens einmal im härtesten Winter dem Lager nähert, auf dessen Spur man zuweilen stößt oder nur zu stoßen glaubt. Ob die Räuber doch auf Grascheks Befehl schießen werden? Aber Gruschek befahl es ja gar nicht. Er schob sich in den Kreis hinein, stellte sich vor Woynok hin und sagte: »Geh zum Teufel Woynok, aber geh! Laß dir nie mehr, auch nur im Traum einfallen, unseren Weg zu kreuzen. Laß dich nie mehr in deinem Leben bei uns blicken.«
Woynok hatte noch kein Wort gesprochen, seit er auf dem Schwesternberg gefesselt aufgewacht war. Er erwiderte auch jetzt nichts. Seine Augen waren klar und durchsichtig. Schweigend verließ er den Kreis, der hinter seinem Rücken sogleich auseinanderfiel. Schon hatte er die Wolfsschlucht verlassen. Er dachte nicht mehr an Gruschek und seine Bande und vergaß ihn. Ein paar Räuber liefen auf einmal an den Rand der Schlucht, aber Woynoks Spur war schon verdeckt von dem unablässigen ungeheuren Laubfall der herbstlichen Prutka.

Von diesem Tage ab begann eine neue Zeit, die man nie für möglich gehalten hätte. Sie wäre auch vordem nicht möglich gewesen, und wurde auch später nie mehr möglich. Sie dauerte etwas über ein Jahr. Während diesem Jahr weitete sich die fälschlich für eng gehaltene Welt zu dem unendlichen Raum, die Prutka

weitete sich, und es war Platz für Woynok und Gruschek. Wer hätte in diesem Jahr behaupten können, einer sei dem anderen überlegen? Wenn wirklich einer in diesem Jahr Woynok den Vorzug gab, dann konnte man aus diesem Urteil gar nicht auf Woynok schließen, sondern nur auf den Urteilenden.
Niemals war soviel in den Dörfern über Woynok und Gruschek erzählt worden; Gruschek aber verbot seinen Leuten nach jenen Ereignissen, Woynoks Namen auch nur zu erwähnen. Alle verstanden, daß das das geringste war, was Gruschek fordern durfte.

Den nächstfolgenden Winter verbrachte die Bande in einem neu entdeckten Felsspalt hinter dem Schwesternberg. Ausgeschickte Wachen hörten von einem Köhler, Woynok sei umgekommen. Nicht einmal weit weg, sondern nur ein paar Stunden weit, nicht einmal vor langem, sondern erst gestern. Er war eines kläglichen Todes gestorben. Jäger aus Doboroth waren mit neuartigen, unbekannten Fallen in die Prutkadörfer gekommen. Woynok war mit dem Fuß in eine solche Falle geraten, und sie war zugeschnappt. Erst als er die Nacht über festgeklemmt und nahezu erfroren war, hatten sich Bauern an ihn herangewagt und ihn mit Stöcken totgeschlagen. Diese Botschaft brannte zuerst den ausgeschickten Wachen, dann den Räubern auf der Zunge. Sie konnten nicht länger an sich halten und brachen Gehorsam und Schweigen. Gruschek merkte aus ihren Mienen und ihrem Flüstern, was geschehen war. Da tat er genau das, was seine Räuber von ihm erhofften. Er setzte sich zwischen ihnen nieder, rang die Hände, daß es knackte, weinte laut und klagte. Alle klagten mit ihm in schmerzhafter Erleichterung.
Über das frisch geschürte Feuer klagte man, was man von Woynok wußte, in einer Art freudiger Verzweiflung. Weil er tot war, und weil es doch immerhin seinesgleichen gegeben hatte. Alle klagten, bis sie er-

schöpft waren und einschliefen.

Mitten in der Nacht rief die am Rand der Schlucht aufgestellte Wache, Woynok sei gekommen. Oberhalb der Bergwand schien sich der Nebel zu verdicken. Woynok näherte sich dem Lager mit unendlicher Langsamkeit. Die Räuber krümmten sich um das niedergebrannte Feuer. Die Hand, die noch rasch ein Scheit hineinwerfen wollte, erstarrte schon vor Grauen und Kälte. Denn ein Luftzug eisiger Kälte flog von Woynok weg und flatterte um die Schläfen der Räuber. Woynok aber, der diese Kälte verbreitete, schien selbst nicht zu frieren. Er setzte sich auf die Erde nieder, außerhalb des Feuerkreises. Er glich dem Woynok von früher soviel wie ein Toter einem Lebenden gleichen kann.

Da ermannte sich Gruschek, begrüßte Woynok, setzte sich ihm gegenüber auf die Erde, Gesicht gegen Gesicht, und redete ihn an: »Lieber Woynok, warum hältst du dein Versprechen nicht? Warum bist du noch einmal zu uns gekommen?« Woynok erwiderte nichts. Als die Räuber Grus cheks Stimme hörten, beruhigten sie sich ein wenig, sie bewunderten ihren Gruschek, wie er mit aller Art Menschen umgehen konnte, sogar mit toten, und sie wiegten sich in Sicherheit. Gruschek fuhr fort: »Kannst du nicht einmal jetzt halten, was du versprochen hast? Was willst du denn noch bei uns? Wir haben dich nur um eine einzige Kleinigkeit gebeten, aber nicht einmal diese winzige Bitte willst du uns erfüllen.« Woynok regte sich nicht, Gruschek fuhr fort: »Obwohl du nur ganz kurze Zeit mit uns gelebt hast, obwohl diese Zeit bei uns kein besonders gutes Andenken hinterließ, haben wir dich doch heute beklagt, als ob du dein ganzes Leben unzertrennbar mit uns verbracht hättest. Hör mal, Woynok: Woynok ist hinter dem Schwesternberg von den Bauern mit Stöcken erschlagen worden. Nie hat es noch einen solchen Räuber gegeben, nie wird es mehr einen solchen geben. Was ist Gruschek gegen

Woynok? Gruschek ist alt; wenn seine Hände morgen herabsinken, dann wird seine Bande nach allen Richtungen auseinanderlaufen.«
Gruschek stemmte die Arme in die Hüfte, er wiegte seinen Oberkörper und seine trockenen Knochen knirschten.
»Warum bin ich nur hergekommen?« dachte Woynok, »Warum habe ich noch einmal diesen furchtbaren Weg durch die Berge zurückgelegt? Ich könnte längst meine Ruhe haben, ich könnte längst zugeschneit sein.«
Die Räuber wiegten sich rasch hin und her, wobei ihre Köpfe manchmal aneinanderstießen. Sie fürchteten sich jetzt kaum mehr, als ob sie begriffen hätten, wie wenig ein Toter gegen so viel Lebende ausmacht. Sie vergaßen ihren Gast. Doch ihre Klagen folgten so reich und dicht, daß man sich wundern mußte, wieviel selbst ein rasch geendetes Leben gefaßt hatte.
Woynok war viel zu schwach, um an das Feuer heranzurücken. Wer hätte auf den Gedanken kommen sollen, ihn hinzuziehen? Je eher die Kälte sein Herz zerknackte, dachte Woynok, desto besser, je eher sein unnützes, bis auf die Knochen eingerissenes Fleisch erstarrt war. Er hob ein wenig den Kopf. Einen Augenblick lang über dem Feuer entstand ein Leben, jung und verlockend, das reinste Räuberleben, kühn und glücklich. Woynok dauerte dieses Leben, das rasch zu Ende ging mit dem stürmischen Lied und mit dem übermäßig geschürten Feuer. Man hatte alle Scheiter auf einmal hineingeworfen.
Gruschek verstummte zuerst, er hatte bemerkt, daß der Gast fort war.
Am Morgen fanden die Räuber die frische Spur, in der Nacht ausgetreten. Gruschek tröstete sie: er kann ja nicht weit gekommen sein. Er erhob sich ächzend; er stand jetzt schon immer schwer auf von seinem Nachtlager, als ob ihn die Erde gleich behalten wollte. Er wußte aber, was er der Bande schuldig

war. Er machte sich auf mit seinen besten Leuten. Sie fanden Woynok auch bald. Er hatte sich mit dem Kopf in den Schnee eingewühlt. Sie fragten Gruschek: »Soll man ihn im Lager begraben?« Gruschek erwiderte: »Das geht zu weit.« Sie legten Woynok dann einfach mit dem Gesicht nach oben und deckten ihn mit Schnee zu. Das war schnell getan.

Post ins gelobte Land

Im letzten Jahrzehnt des vorigen Jahrhunderts, als fast die ganze jüdische Einwohnerschaft des polnischen Städtchens L. bei einem Pogrom von den Kosaken erschlagen worden war, floh der Rest einer Familie Grünbaum nach Wien zu der mit einem Kürschner verheirateten ältesten Tochter. Nachdem die übrigen Kinder zugrunde gegangen, bestand die Familie noch aus dem Schwiegersohn Nathan Levi, dem Enkel und den Schwiegereltern. Die junge Frau Levi, die zweite Tochter Grünbaums, war nicht durch Tritte oder Schläge in dem Pogrom selbst umgekommen, sondern an den Folgen einer Frühgeburt, da sie die Ermordung der eigenen Brüder, in einem Keller versteckt, durch eine Luke mit angesehen hatte. Sie war die Lieblingstochter gewesen. Die ältere, zu der man jetzt fuhr, hatte früher als ungefällig und unleidlich gegolten; man hätte vielleicht sonst nicht ihre Heirat weit weg, wenn auch in eine der Stadt entstammende Familie, gebilligt. Sie hatte in ihrem länglichen, etwas schiefen Gesicht ziemlich uneinnehmende, verdrießliche Züge, wobei man nicht sagen konnte, ob ihr verdrossenes Gemüt an dem Aussehen schuld war, oder erst das Aussehen ihr Gemüt bedrückt hatte.
Als sie ihre Leute am Wiener Ostbahnhof abholte, da konnte sich die Mutter in aller Verzweiflung nicht von der Empfindung befreien, wie tot, wie schmählich gestorben die sanfte, die jüngere Tochter war, und wie unverändert grämlich und schiefmäulig die ältere lebte. Denn die Verzweiflung, statt zu mildern, schärft unermüdlich die Erinnerung an die Toten und den Anblick der Lebenden. Wie die Tochter, so der Schwiegersohn. Ob sie sich in ihrer Grämlichkeit gefunden oder später angesteckt hatten, er war nachtragend und mißgünstig. Die Kinder des Kürschners waren gar nicht erfreut über den kleinen Vetter, der

Essen und Kammer teilte. Die Enge der Wohnung machte den Großen das Unbehagen noch lästiger. Man hätte vielleicht nach soviel Leid über jeden Zuschlupf froh sein müssen. Doch konnte man, weil man dem Tod entronnen war, dem Leben nicht schlechthin danken, nur weil es da war, doch grau, freudlos, öde.
Der Schwiegersohn Levi half sofort in der Kürschnerei. Er saß am liebsten abseits in einem Winkel, seinen kleinen Sohn auf den Knien. Er war ein Fremdling in der Familie der toten Frau. Die Schwiegereltern hatten ihn in L. als Waisenkind ohne Anhang aufgenommen. Er hatte mit den zwei Söhnen, die jetzt auch umgekommen waren, in der Kürschnerei Grünbaums das Handwerk gelernt. Er hatte sehr rasch als Schwiegersohn gegolten. Die alten Grünbaums pries man für diesen Entschluß, und ihre Wohltaten galten dadurch belohnt, daß der junge Levi fleißig und ehrenhaft war. Er hatte die jüngste Tochter von klein auf als seine Braut angesehen. Er war auch jetzt noch, trotz seines beträchtlichen Bartes, im Herzen gar jung, gar wenig gewillt, sich auf die neuen Darbietungen des Lebens einzulassen; er hatte auch jetzt noch so knabenhaft wenig Bewußtsein von der Länge und Mannigfalt des Lebens, daß er nur eine lästige Zwischenzeit zu überstehen glaubte, nach der er wieder mit seiner Frau vereint sein würde. Die Schwiegermutter dagegen trug sich schnell mit Umzugsgedanken. Sie wußte, daß man im Leid ein unfreundliches Dasein nicht gleichgültig aufnimmt, sondern schmerzlicher und bedürftiger. Ein Brief ihrer eigenen Schwester aus Schlesien brachte sie auf den Ausweg. Die jetzt schon betagte Frau Löb war einstmals mit ihrem Mann, dem Altkleiderhändler, nach Kattowitz zu einer Messe gefahren. Sie waren dort hängengeblieben, weniger durch Wohlstand festgehalten als durch die lebhafte Hoffnung auf Wohlstand. Jetzt schrieb sie, wie froh sie sei über die Unterkunft ihrer Schwester. Sie hätte

ja sonst auch bei ihr Obdach gefunden. Frau Grünbaum antwortete sofort, mit ihrer Unterkunft sei es leider schlecht bestellt, sie zögen alle die Weiterfahrt nach Schlesien vor. Ihr Mann und ihr Schwiegersohn könnten dem Schwager dort an die Hand gehen.
Sie wickelte daraufhin das Enkelkind in viele Tücher. Der Schwiegersohn, der klein gewachsen war, nahm es meistens auf seine Knie. Er gab es nur ungern den Großeltern rechts und links von ihm ab in jener Nacht, in der sie nach Deutschland fuhren. Der Wiener Familie kam die Abfahrt verwunderlich, doch nicht ungeschickt. Sie trug sich nur mit allerlei Nebengedanken über das Reisegeld, das plötzlich zur Verfügung war. Der Familie Löb kam die Ankunft überraschend und nicht sonderlich beglückend. Sie war arm und die Wohnung eng. Grünbaum und Schwiegersohn suchten Kürschnerarbeit, da der Kleiderhandel nicht mehr als zwei Hände brauchte. Sie fanden wenig Beschäftigung, denn die Werkstätten waren überfüllt. Der junge Levi grämte sich mit den Großeltern um den Jungen, an dem ihre Herzen hingen, weil er vor Schwäche still war. Frau Grünbaum, von Natur eher heiter und unternehmend, wäre trotzdem nach und nach mit den Ihren der Trostlosigkeit des täglichen Lebens anheimgefallen, wenn nicht ein unerwarteter Zwischenfall plötzlich alle aufgerüttelt hätte.
Der Schwiegersohn Nathan Levi hatte einen Bruder gehabt, der längst allen aus dem Gedächtnis entschwunden war. Er hatte vor langer Zeit, wenn man zufällig seiner noch einmal erwähnte, als Taugenichts gegolten. Er war, als die Eltern Levi noch lebten, auch in der Kürschnerei angelernt worden, wobei er Gelegenheit gefunden hatte, irgendeinen ausländischen Händler auf einer Reise zu begleiten, da er – so hatte man damals behauptet – in seiner Unbeständigkeit auf Reiserei erpicht war. Er war jedenfalls schon damals auf eine jetzt nicht mehr erklärbare Weise nach Paris

geraten und von dort nie mehr heimgefahren, aus Angst vor den Folgen einer Unterschlagung, wie das Gerücht rasch aufkam, weil man sonst für die absurde Umsiedlung keinen Grund wußte. Jetzt kam von der Hand dieses verschollenen Bruders, durch die Hilfe und Findigkeit vieler jüdischer Gemeinden, ein langer Brief, in dem er den jungen Levi um Auskunft bat, wie es ihm und den Seinen bei dem Pogrom ergangen sei, von dem er in den Zeitungen gelesen hatte. Der junge Levi schrieb sofort zurück. Die folgenden Tage verliefen für alle höchst aufgemuntert im Briefabwarten, da sich auch der ödeste Zeitabschnitt durch das bloße Warten belebt.

Zuerst kam eine Sendung Geld durch ein Telegramm auf die Bank, das erstaunlichste Ereignis für die Familie. Dann kam das Telegramm, das die Ankunft des älteren Levi ankündigte, der ihrem Lebensablauf also nicht entschwunden war wie ihrem Gedächtnis. Frau Grünbaum benutzte den Rest ihrer eigenen Ersparnisse – um keinen Preis das eben geschenkte Geld –, um zum Empfang alle möglichen Speisen zu kaufen, Geflügel und Fisch und Wein, und alle Zutaten, um den besten Kuchen zu backen. Zum erstenmal seit dem Unglück zog sie sich und den Enkel sorgfältig an, sie bürstete und bügelte die Hosen für den Mann und den Schwiegersohn.

Der jüngere Bruder ging den älteren an der Bahn abholen. Man hatte inzwischen die ganze Wohnung soweit verschönt, wie man eine Stube und eine Küche auffrischen kann, ohne die Wände zu verschieben. Der Gast, Salomon Levi, war höher gewachsen als sein Bruder. Sein Gesicht sah nackt aus, weil es rasiert war, bis auf den Schnurrbart auf der Oberlippe. Dadurch sah der Ältere wie der Sohn des Bärtigen aus. Er trug einen steifen Hut, einen engen, aber neuen Mantel, Handschuhe und eine kleine lederne Reisetasche. Frau Grünbaum wäre sowohl durch das Aussehen wie durch die Sprache verstört gewesen, wenn

nicht ihre durch das Unglück im Guten und im Schlechten geschärften Sinne sofort gemerkt hätten, wie gut und wie mitleidig seine Augen waren. Wenn er auch bisweilen noch jiddisch sprach, es zischte fremd, oder es kam ungewohnt aus der Nase statt aus der Kehle, und wenn er dabei die Hände bewegte, dann drehte er zu den fremden Lauten fremde Kurven in die Luft. Er setzte erschrocken den steifen Hut auf, als man zu Tisch ging, weil alle schon den Kopf bedeckt hatten. Die Grünbaums ärgerten sich über gar nichts und trugen ihm gar nichts nach, weil er das Kind nicht nur lobte, sondern auch den Armen hochschwang, vor allem aber, weil er von dem Pogrom nie genug hören konnte: Alle übrigen Menschen waren ja inzwischen längst der Schilderungen müde geworden, so daß sie jene Erinnerung in sich vergraben hatten, wo sie dann freilich das Herz abdrückte. Er ließ sich gern solche Begebenheiten, von denen man seine Brust am liebsten befreite, immerzu wiederholen. Er merkte genau alles Gute, was man ihm antat. Er lobte die Klöße in der Suppe, und er pries den Fisch und die Füllung des Fisches und sogar ein gehäckeltes Kraut in der Soße, und als ihm auf der Zunge der Apfelstrudel zerging, krümmte er sich zusammen und kniff die Augen zu. Wie viele Fehler er auch machte, die Gebete beim Händewaschen, über dem Brot und über dem Wein und auch das Tischgebet selbst verloren ihre Einförmigkeit und ihre achtlose Gewöhnung und wurden frisch in ihrem Klang und sonderbar in vielen Wendungen, nur weil er ungeschickt mitbrummte und den Oberkörper dazu schaukelte.
Nachts auf dem Heimweg ins Hotel erzählte er seinem Bruder, er sei niemals wegen Geldunterschlagung in Paris geblieben, sondern weil ihm die Stadt überaus gut gefiel. Er sei zudem reich genug geworden, um alle etwaigen früheren Schulden leicht abzutragen. Er machte jetzt den Vorschlag, die ganze Familie fahre mit ihm nach Frankreich. Der alte Grünbaum und

der Bruder könnten in seiner eigenen großen Kürschnerei, in der es Verkäufer, Buchhalter und Handwerker gab, nach Verlangen unterkommen. Vor allem könnte der kleine Junge ordentlich gepflegt werden, und er könnte eine ordentliche Schule besuchen.
Die Folge aller Erwägungen war der dritte Umzug der Flüchtlinge, diesmal mit allerlei Zuwendungen an Mann und Frau Löb, und sogar mit einer Geldsendung an die Kürschnerfamilie in Wien. Denn nachträglich wurde Frau Grünbaum auch dieser Tochter gerecht, die, wie sie jetzt einsah, an ihren äußeren und inneren Unzulänglichkeiten so unschuldig war wie an einem Gebrechen.
Der Bruder Salomon Levi wohnte am rechten Seineufer, wo das Viertel St. Paul an den Kai stößt. Er mietete dort schon am ersten Tag für die Ankömmlinge eine Wohnung und kaufte mit Frau Grünbaum die nötigen Möbel in den Warenhäusern. Frau Grünbaum war benommen von der Wildnis der Stadt. Niemand behandelte die Fremde mit Neugierde oder mit Geringschätzung. Sie stieß in den Straßen und in den Geschäften auf fremdere Fremde, auf Gelbe und auf Schwarze, und manchmal stieß sie auf ihresgleichen. Doch ließ man sie alle ungeschoren, wie sie auch der Stadt keinen Abbruch taten, so wenig wie sonderbare Pflanzen einer Wildnis Abbruch tun. Frau Grünbaum fühlte sich hier an dem äußersten Punkt der ihr bekannten Welt fast so gut wie daheim.
Die Grünbaums lebten ungeschoren fort, als hätten sie nach St. Paul ihr Heimatstädtchen mitgeschleift, sogar den Bäcker und den Fleischer. Es stellte sich heraus, daß durch irgendwelche Zufälle auch die Schwester ihrer ehemaligen Schneiderin hierhergeraten war. Der alte Grünbaum galt bald als eine Art Aufseher in der Kürschnerei, in der der Schwiegersohn Nathan Levi eine Art Werkmeister wurde, denn er wollte durchaus beim Handwerk bleiben. Der Junge lernte zunächst hebräisch lesen und schreiben bei dem

Schwager der heimischen Schneiderin, der eine Vorschule für die Kinder eröffnet hatte.
Die Synagoge befand sich unweit der Wohnung in einem Gemäuer, das, wie der ältere Bruder Levi wußte, der Turm des Palastes war, den König Heinrich IV. vor vielen Jahrhunderten erbaut hatte. Jetzt war er teilweise verfallen, die Reste seines Gemäuers waren von allerlei Volk bewohnt. In der Gasse lagen die Keller der Lumpensammler, deren Staub die Luft noch dämmeriger machte. Der Hof der Synagoge steckte voll von dem Gerümpel eines Schreiners, der zugleich Synagogendiener war. Die Bretter lehnten in den Spitzbögen gegen die abgeschabten Säulen. Das Schreinermännchen, verwachsen und bärtig, war schon vor langem aus einer Nachbarstadt von L. zugezogen. Es gab noch Reste von Wappen an der zertretenen Wendeltreppe, die sich zur Frauenabteilung hinaufdrehte. Der Türrahmen war abgegriffen. Beim Eintreten küßten die Frauen ihre zwei Fingerspitzen, um damit die Gebetkapsel zu berühren.
Wie glimmten drunten, wo die Männer beteten, die Kerzen, die an den Jahreszeiten für alle toten Verwandten brannten!
Frau Grünbaum erkannte von oben die eigene Kerze oder glaubte sie zu erkennen; sie suchte sie zärtlich, als sei sie die Tochter selbst. Sie zeigte sie auch dem Kleinen, den sie herauf in den Frauenraum genommen hatte, bevor er endgültig mit den Männern zum Gebet ging.
Sie hatten sich rasch in ihrem Quartier eingelebt: das winzige L. in der unbekannten Stadt, mit vertrauten Gesichtern, mit den gewohnten Läden, um ein paar heimische Gassen und Plätze. Nathan Levi sprach bald ganz geläufig französisch. Der Sohn sprach es noch besser, obwohl an ihm ein paar russische und ein paar polnische Worte hängengeblieben waren, und etwas hebräisch und jiddisch. Der ältere Levi drängte den jüngeren, wieder zu heiraten. Der widersetzte

sich lächelnd in seiner sanften Art. Er lief aus der Werkstatt täglich rasch heim, um mit dem Kind zu schwatzen und zu erfahren, was es gelernt hatte; wenn es einmal krank war, kam er noch früher und noch rascher und verbrachte die Nacht am Bett. Er lehnte auch jeden Heiratsvorschlag ab, als die Schwiegereltern starben, viel früher, als man erwartete, und kurz nacheinander. Nach all den Plagen, die sie ruhig überstanden hatten, war ihnen offenbar endlich erlaubt gewesen, vom Leben erschöpft zu sein. Doch nach ihrem Tod gelang es dem Bruder Salomon Levi, da seine Heiratsvermittlungen fehlschlugen, mit einem ganz anderen, auch schon lange umsonst vorgebrachten Vorschlag durchzudringen. Der Neffe gehöre jetzt in eine vernünftige Schule. Es sei höchste Zeit. Französisch müsse er lernen und überhaupt alle Kenntnisse, die Knaben hierzulande geboten wurden. Er drang schließlich durch. Er brachte das Kind in das Lycée Charlemagne, die Höhere Schule von St. Paul. Vom nächsten Morgen an führte der Vater den Jungen selbst in die Schule, er holte ihn mittags ab, damit er nicht in Versuchung gebracht werde, an den verbotenen Schulmahlzeiten teilzunehmen. Der Junge war bald viel zufriedener in der Schule, als sein Vater erwartet hatte. Er wurde von seinen Lehrern und Mitschülern nicht gequält und nicht geschlagen. Er wurde nur verspottet, wenn er schlecht französisch sprach. Er gab sich von selbst Mühe, auf den Klang zu kommen, der ihm gefiel, weil ihm auch die Worte gefielen. Er glaubte des Sinnes habhaft zu werden, wenn er sich den Klang einprägte. Er schloß sich bald einem pfiffigen, rauflustigen Jungen an, dem Sohn eines Wagenkontrolleurs im Viertel, der brachte ihm nach und nach allerlei Spiele und Verse bei und mit der Freundschaft die Sprache.
Er war jetzt in seiner schwarzen Ärmelschürze, flink, mager, klugäugig, einer von den Hunderttausenden Schulbuben von Paris. Er schloß sich am Vorabend

jedes 14. Juli der Familie des Schulfreundes an, der Wagenkontrolleurfamilie. Er steckte viele Stunden in dem Gewühl auf der Place de la Bastille. Er vergaß sein Tischgebet, wenn er mit dieser Familie aß und trank, er tanzte mit den Töchtern in dem gemeinsamen Tanz der Straße.
Er war bald viel lieber in der Schule als daheim. Das bloße Dasein der Großeltern hatte früher alle besänftigt. Der Vater und der Onkel stritten jetzt gern. Der Lehrer Rosenzweig, der Schwager der Schneiderin aus L., war beim Essen und Streiten dabei. Es ging um die Ereignisse, die die eigene Gemeinde und alle Gemeinden der Welt seit vielen Jahren in Aufregung brachten. Ein Jude in Wien, der jetzt schon geraume Zeit tot war, war auf den Gedanken gekommen, das Gelobte Land, das Gott versprochen hatte, sofort für das jüdische Volk zu fordern. Es sollte aus allen Ländern der Welt, in denen es verfolgt wurde, in seine Heimat nach Palästina zurückkehren.
Der Bruder Salomon Levi trat heiß für die neue Lehre ein. Der Lehrer Rosenzweig wog das Für und Wider so heftig, als ob zwei Seelen in seiner Brust kämpften, nach Art von Menschen, die unschlüssig zwischen zwei Grundsätzen stehen. Der Vater Levi mischte sich nicht ein; er hörte lächelnd zu. Von klein auf war es sein heimlicher, sein inbrünstiger Wunsch gewesen, vor seinem Tod mit eigenen Augen das Gelobte Land zu sehen. Doch dieser Wunsch hatte keine politischen Grenzen, er war nur von Gott erfüllbar. Seine Wurzel war der Glaube, nicht ein Landstreifen in Vorderasien. Man lebte in der Verbannung, ob man in Paris oder in L. lebte, in Amerika oder in Wien, in der Verbannung, die Gott verhängt hatte.
Er zürnte auch nicht, er lächelte, als sein Bruder plötzlich Herzls Photographie über seinem Schreibtisch in der Kürschnerei aufhängte. Dasselbe dem Wesen des Bruders eigentümliche Gesetz, das ihn als Jungen mit allen Vorstellungen seiner Familie hatte

brechen lassen, zwang ihn jetzt zum zweitenmal, als alter Mann, mit den früheren Vorstellungen zu brechen und die Protokolle der zionistischen Kongresse begierig zu verfolgen.

Der Junge saß während all dem Streit vergnügt kauend am Tisch bei den drei Alten. Sein Vater versuchte manchmal heimlich, sein Haar oder wenigstens seine Hand zu berühren. Der Junge horchte weniger auf die Gespräche, die ihm gleichgültig waren, als auf den Lärm der Straße, bis er den Pfiff des Schulfreundes erkannte.

Nur an den Festtagen war er mit Leib und Seele daheim, als ob ihn das sanfte Kerzenlicht fester schmiede als alle Streite und Meinungen, aber auch fester als alle Rufe und Pfiffe. Der Vater, am Sederabend auf seinem Ehrenplatz in den roten Kissen, sah zaghaft und kindlich aus, trotz seines Bartes. Er nickte dem Kleinen zu, damit er aufspringe und nach dem Brauch die Tür öffne, denn der Messias konnte in dieser Nacht durch alle Türen in allen Häusern der Welt unversehens eintreten, um sein Volk aus der Verbannung heimzuführen. Ein schwacher Hauch dieses Glaubens, der sich nicht lehren und nicht übertragen läßt, wehte den Jungen bei jedem Türöffnen an, die verstohlene Frage: »Wie, wenn er jetzt bei uns eintritt?« Obwohl er, der schlauer war als sein Vater, genau wußte, daß sie ganz sinnlos war.

Um diese Zeit, um sein dreizehntes Jahr, war sein alter Lehrer, Herr Rosenzweig, äußerst stolz, weil man wieder auf ihn zurückgriff. Er sollte das Kind auf den Festtag vorbereiten, an dem es in der Gemeinde unter die Männer aufgenommen wurde. Die drei Alten führten es zu dritt in die Synagoge in dem Palastturm Heinrichs IV. Sie glänzten vor Stolz, als die junge Stimme anhob, vertraut, fremdartig allein und feierlich ängstlich. Man weiß von alters her, daß die Köpfe der Knaben in diesem Jahr am wachsten und offensten sind. Darum kamen mit den überlieferten uralten Glaubenssätzen auch Gedanken hinein, von denen sich sein Vater nie hatte träumen lassen. Sie quälten ihn nicht; sie legten sich über die alten Gedanken, wie sich zwei Rinden übereinander um einen jungen Baum legen. Er ging noch immer mit seiner Schulfreundfamilie den 14. Juli feiern. Er war jetzt nicht mehr bloß vergnügt, weil getanzt und getrunken wurde. Sein Herz klopfte nicht bloß vor Freude über das Feuerwerk und den Schwung der Fahnen. Sein Lehrer im Lycée Charlemagne hätte selber nicht geahnt, daß seine herkömmlichen Worte den fremden, kleinen, mageren Jungen aufgewühlt hatten. Der Abend des 14. Juli sei ein Fest für alle Völker. Es gäbe bei diesem Fest keine eingeladenen Gäste, hier in Paris sei jeder an diesem Tag sein eigener Gastgeber auf der Place de la Bastille. An diesem Tag hätte das Volk von Paris für die ganze Welt das Mittelalter gesprengt. Er war ein Lehrer, der jeden Schüler mit seinen Augen packte, daß jeder glaubte, allein von den Augen gepackt zu werden.

Sie merkten gar nicht daheim, daß der Kleine am Sederabend nur notgedrungen die für den Jüngsten bestimmten Worte aus der Haggada vorlas, weil ihn sein Vater verliebt betrachtete und weil er selbst sanft und höflich wie sein Vater war.

Er wuchs so schnell, daß er bald die drei Alten überragte. Kam das Jahr 1914; kam der Mord in Sarajewo; kam eine Kriegserklärung nach der anderen. Die Deutschen, die Belgien geschluckt hatten, drangen bis zur Marne vor. Die Gesichter wurden finster. Der kleine Levi trat überraschend früh zum Examen an. Der Vater erfuhr erst hinterher, daß nur die Schüler zugelassen waren, die sich bei der Armee freiwillig gestellt hatten. Beim Anblick der runden Mütze mit der roten Quaste auf dem Kopf seines Sohnes geriet er in einer Weise ins Zittern, daß seine Hände über den ganzen Krieg weg zitterten. Der Sohn war froh. Er war jetzt mit Leib und Seele, nicht bloß mit der luftigen, ungewissen Seele, dem Volk verpflichtet, dem er sich längst verbunden fühlte, dessen Sprache und dessen Gedanken längst in ihn gedrungen waren, vom Bastillesturz bis zum Dreyfusprozeß. Der Vater und der Onkel standen weinend am Bahnhof unter den Abschied nehmenden Eltern.

Als er auf Urlaub heimfuhr, erschien ihm der Vater noch winziger und noch kindlicher. Er selbst war der Starke, der Väterliche. Er hörte sich in der Kürschnerei die Sorgen von Vater und Onkel wie die Sorgen von zwei Söhnen an. Er hatte in einem Kriegswinter, in der Todesnähe, in der Kameradschaft, einen Weg zurückgelegt in Einschmelzung und in Erfahrung, den sonst Generationen brauchen. Als er im Argonnerwald schwer verwundet wurde, kam ihm die Erde erworben vor, in die er hineinblutete. Der Vater bekam die Nachricht von der Verwundung mit einer vom Sohn selbst gekritzelten Botschaft, die schlimmste Gefahr sei vorbei.

Er kam nach dem Waffenstillstand auf Krücken heim. Das häusliche Leben wäre ihm jetzt zuwider geworden, wenn ihn nicht eine völlig neue Idee beherrscht hätte. Sein liebster Kamerad war von schwerer, zuerst aussichtsloser Augenverwundung geheilt worden. Er hatte im Lazarett alle Phasen zwischen Hoffnung und Verzweiflung miterlebt, bis ein Augenarzt die Sehkraft gerettet hatte. Eine Neigung zur Medizin, die ihn dann und wann in den höheren Schulklassen überkommen hatte, hatte sich durch die Erfahrungen im Krieg noch verstärkt und auf ein besonderes Ziel geheftet: die Heilung der Augen. Der Vater, der einen Kürschner oder einen Kaufmann oder einen schlauen Juristen erwartet hatte, war zuerst über die Berufswahl verwundert. Dann sagte er sich, daß der Sohn durch Gottes Willen gerettet sei, und auch der Entschluß des Geretteten sei dann Gottes Wille.

Die Alliierten besetzten das Rheinland. Wilson

kämpfte um den Frieden. Der Sohn Levi setzte mühselig durch, daß ihm der Vater ein eigenes Studierzimmer dicht bei der Klinik mietete. Nathan Levi war jetzt allein, viel mehr als je in seinem Leben, das immer in einer Familie verlaufen war. Er war jetzt nicht nur von dem Sohn, sondern auch von dem älteren Bruder überraschend schnell verlassen worden. Der englische Außenminister Balfour hatte den Juden Palästina als Heimat versprochen. Der Bruder Salomon Levi nahm sich plötzlich vor, das Gelobte Land mit eigenen Augen zu sehen, bevor er sich endgültig entschloß, die Balfour-Deklaration auf sich selbst anzuwenden. Er dachte sich diese Reise zunächst als ein Ferienunternehmen von höchstens drei Monaten. Er lud auch den Bruder zur Reisegesellschaft ein. Der machte ihm aber klar, daß er der Kürschnerei vorstehen müßte. Der Zurückgebliebene wurde bald durch Post von dem Mittelmeerdampfer beunruhigt, in der sich der Reisende kränklich und unfroh zeigte. Die Ferienfahrt wurde in einem Spital in Haifa unterbrochen und endigte mit der ewigen Ansiedlung im Heiligen Land auf dem Friedhof von Haifa.
Als die Todesnachricht nach Paris kam, ließ der Bruder Nathan Levi, der den Ältesten nur mit düsterem Vorgefühl und mit verstecktem Zweifel hatte abziehen sehen, das Kaddisch in derselben Synagoge in dem Palastturm sagen, in dem man schon Kaddisch für die Schwiegereltern sagte und für seine eigene, in L. umgekommene junge Frau. Er lief jedes Jahr zu ihrer Todesfeier durch die Gassen und Höfe von St. Paul, durch die ineinandergeschobenen Tore, durch den Nebeneingang des verwitterten Palastes, als laufe er zu einem Wiedersehen mit der Frau. Der Sohn, der ihn begleitete, kannte nicht mehr von der Mutter als die weiße, kurzzüngelnde Jahrzeitkerze. Er kam jedesmal für das Kaddisch nach St. Paul aus dem lateinischen Viertel. Die schmale, aus den Abfallkellern der Lumpensammler verstaubte Gasse, gesäumt

von den Schloßzinnen, war von dem schmalen Licht angeglänzt, das durch das hohe, fast unbemerkte Fenster des Frauenstockwerks herunterdrang. Die Schreinerei war noch immer im Hof. Die Schreinersleute betreuten noch immer die Synagoge, jetzt schon in gebücktem Gang.
Es gab eine neu eröffnete Kneipe zwischen den Lumpenkellern. Die Gasse war von neuen jüdischen Zuzüglern bewohnt. Sie waren nach dem Kriegsende gekommen, weil ihnen daheim ihr Rabbiner versichert hatte, man könnte in dem neuen Staat Sowjetrußland die Kinder nicht fromm erziehen. Die gleiche Furcht vor der gleichen Revolution hatte noch eine andere Gruppe von Flüchtlingen angetrieben, die diese jüdischen Gesichter aus der Ukraine nur ungern wiedersahen: die Offiziere aus der Armee des Hetmans Petljura und alle ihre Kumpane, die noch vor kurzem Juden abgewürgt hatten, bis ihnen die eigene Heimat vergällt war, da Lenin sein Plakat anschlug: »Gegen die Schwarzen Hundertschaften und gegen die Pogrome.« Jetzt hatte die französische Polizei die Sorge, die weißen Zaristen von den jüdischen Emigranten getrennt zu halten. Sie konnte gleichwohl die Kugel nicht abfangen, mit der der Uhrmacher Schwarzbart aus St. Paul den Hetman der Ukraine, Petljura, abknallte; der hatte ihm in dem letzten Pogrom daheim seine ganze Familie ermordet.
Der junge Levi besuchte den Vater jeden Freitagabend. Nathan Levi dankte Gott, weil sein Sohn kein gewöhnlicher Kürschner geworden war, sondern ein auserwählter Mensch, der seinen Kranken ergeben war wie ein guter Lehrer seinen Schülern. Die Augenklinik war nicht nur für den Sohn, sie war auch für den Vater heiliger Boden. Der Vater ließ sich von dem Sohn Lehrbücher mit den Schemata des menschlichen Auges zeigen, über das offenbar sein Junge am meisten grübelte unter allen Organen, die Gott geschaffen hat. Er wunderte sich gar nicht, daß alle Profes-

soren auf seinen Sohn bald aufmerksam wurden. Man ahnte auch schon in St. Paul vor dem Examen, daß der kleine Levi ein großer Augenarzt würde. Den Vater grämte bloß eins. Er selbst war in dem Alter des Sohnes Vater gewesen, die Liebe hatte sein Leben bis auf den heutigen Tag erhellt.
Er sprach über diesen Kummer mit seinem Nachbarn, dem Löb Mirsky. Der war jetzt sein Freund. Denn die plötzliche, zuerst unerträgliche Vereinsamung durch den Tod des Bruders und den Wegzug des Sohnes hatte die gute Folge, daß sich seine Augen auch für die Mitmenschen öffneten. Er hatte Anschluß an den Nachbarn gefunden, der schon längst vor dem Krieg, nach dem Ritualmordprozeß in Odessa und der daraus entstandenen Judenverfolgung, nach Paris verschlagen worden war. Er hatte, wie Levi, die Frau verloren und das Kind gerettet, eine Tochter, die ihm später den Haushalt führte, bis sie das Lernen mehr liebte, als es, wie ihr Vater glaubte, ihrem schönen Wuchs und ihrem ebenso schönen Angesicht zutunlich war. Die beiden Väter waren sich klar, daß ihre Kinder ein gutes Paar abgeben würden, wenn sie sich nicht den Plänen der Eltern durch die Einwirkung neuer Bräuche in dem neuen Land hartnäckig widersetzten. Der alte Levi, dem das schöne, störrische Mädchen überaus für den Sohn behagte, riet dem Nachbarn, endlich die Erlaubnis zu geben, daß die Tochter aller häuslichen Pflicht ledig werde und täglich zum Lernen auf das linke Seineufer nach der Sorbonne gehe. Es fügte sich dort, daß das Lernen die beiden jungen Leute ebenso sicher zusammenfügte wie der schlaueste Heiratsvermittler. Der junge Levi bemerkte schnell das dunkelbraune Haar, die sanften Augen, die durchsichtige Haut, den stillen Schritt. Die beiden Väter feierten nach dem Examen die ersehnte, die endlich geglückte Heirat.
Jakob Levi, der jetzt der Doktor Jacques Levi hieß, war noch lange nicht in dem Alter, in dem der Ruf

eines Mannes sonst feststeht, als ihm zuerst in der Klinik seines Lehrers, dann in der eigenen Klinik an der Place de Sèvres der Zustrom der Kranken einen Namen machte. Der Vater freute sich, war aber erst glücklich, als er einen Enkel bekam, ein wenig später, als er gehofft hatte. Er hatte sich um so ungeduldiger Nachkommenschaft gewünscht, da er, genau wie dereinst seine Schwiegereltern, sich schwächer und älter fühlte, sobald er Frieden und Ruhe dazu hatte. Er saß oft in dem Sprechzimmer des Sohnes, wo er die Klagen und Lobpreisungen der Augenkranken anhörte. Dann fuhr er mit dem Sohn heim, um ein wenig mit dem Enkel zu spielen, und später, um die Schulhefte zu betrachten, wie er ehemals die des Sohnes betrachtet hatte.

Er trat eines Tages zu ungewohnter Zeit in die Klinik an der Place de Sèvres, als die Sprechstunde gerade beendet wurde. Er bedeutete dem erstaunten Sohn, er sei absichtlich gekommen, um mit ihm allein zu sprechen. Der Sohn hätte jetzt seine eigene Familie, sein eigenes Heim, sein Kind, seinen Beruf. Der Vater betrachte darum das Gebot erfüllt und die Zukunft seiner Nachkommenschaft gesichert. Der Doktor Jacques Levi wunderte sich, was sein Vater mit dem Besuch bezweckte. Er war noch erstaunter, als der Alte fortfuhr, in viel gewichtigerem, feierlicherem Ton, als er sonst zu sprechen pflegte, Gottes Wege seien unergründlich. Man bedenke, wie er nach dem Pogrom von L. zuerst nach Wien, dann von Wien nach Kattowitz, von Kattowitz nach Paris geflohen sei, den Sohn auf den Knien, und wie die Familie in dem Sohn gewachsen sei. Er sprach, als hätte er schon vergessen, daß der Sohn im weißen Arztkittel ihm gegenübersaß. Er wünschte wohl noch ein wenig der Hauptsache auszuweichen, die ihm endlich aus dem Mund kam.

Er sei nicht älter als jetzt sein Enkel gewesen, da hätte die ganze Stadt L. einen alten Mann an die

Bahn begleitet, der abgefahren sei, um im Gelobten Land zu sterben. Das Reiseziel sei ihm schon damals als das verlockendste vorgekommen, das sich ein Mensch ausdenken könnte. Er könnte sich auch heute noch gut an den Abschied erinnern, als hätte er gestern stattgefunden. Damals sei der gewaltige Wunsch in sein Herz gepflanzt worden, auf demselben Fleck sterben zu dürfen, wenn er so alt sei wie der Alte. Er habe den Wunsch auch nie vergessen, nur tief in sich verborgen. Er habe bereits im geheimen das nötige Geld für die Reise gesammelt, auch für den letzten Aufenthalt in dem Altersheim in Jerusalem. Er hätte die Auflösung der Kürschnerei bereits dem Nachbarn übertragen, so daß nichts überstürzt werde.

Der junge Levi staunte über den Bericht des Vaters, der von mehr Entschlußkraft zeugte, als er dem sachten, weichen Mann je zugetraut hätte. Und diese Entschlußkraft bezog sich nicht auf die Lebensumstände, sondern auf das Sterben. Er staunte auch, daß der alte Mann, der sonst anschmiegsam und sehr offen war, den Plan wie ein Geheimnis verborgen hatte, sowohl in der letzten Zeit, als die Verwirklichung möglich wurde, wie durch sein ganzes früheres Leben, da der Plan nur ein Traum war. Er stellte dem alten Levi vor, daß ihm schon sein Umzug aus St. Paul nach dem Quartier Latin einen Schmerz bedeutet hätte, obwohl man doch keine halbe Stunde brauchte, um über die Brücke zu gehen. Er las aber in den glänzenden Augen des Alten, bevor er noch seine Warnung beendigt hatte, die Antwort. »Gewiß, wenn man stirbt, geht man einen weiteren Weg, als man je im Leben für möglich gehalten hat.« Der Sohn brach ab. Er verstand, daß es keinen Zweck hatte, seinen Vater abzuhalten. Es war im Gegenteil seine Pflicht, die Abreise zu erleichtern, damit der alte Mann seinen Tod ruhig erwarten konnte.

Der Vater, dem jede Trennung fast das Herz gebrochen hatte, bereitete sich selbst fliegend auf die Abreise vor. Er lud seine Kinder nach St. Paul zum Abschiedsessen ein, das so heiter wurde wie ein Feiertagsabend. Sein Sohn mußte ihm beim Abschied versprechen, regelmäßig zu schreiben. Er konnte sich ruhig auf den Tod vorbereiten in dem Land seiner Väter, wenn alles, was hinter ihm lag, besorgt war. Der Sohn schrieb seinen ersten Brief, bevor er den alten Mann an den Hafen brachte. Der Vater meldete in seinem ersten Brief zugleich seine glückliche Ankunft und den Dank für die Post, die er schon empfangen hatte.

Man fühlte an diesem Dank, daß der Alte beruhigt war, weil sein Anteil am Leben erfüllt war. Er dankte Gott, der ihm erlaubt hatte, in das Gelobte Land zurückzukehren, aus dem ihn nun nichts mehr wegbringen konnte. Er fühlte bei jedem Schritt, daß er jetzt auf der Erde ging, in der begraben zu liegen er sich von jeher gesehnt hatte. Er dachte zuerst überhaupt kaum mehr an das Leben, das er verlassen hatte. Er hatte zunächst nicht einmal Sehnsucht nach seinem Sohn oder nach seinem Enkel. Er dachte höchstens an seine tote Frau, die in seinen Träumen so sanft und so still wie er selbst war, die jüngste und lieblichste Tote. Er merkte kaum, daß das Heilige Land viel heißer war als all die Länder, die er bis jetzt auf Erden durchquert hatte. Er gab nicht auf die fremden Gesichter acht und die sonderbaren Gepflogenheiten und die Streitigkeiten um ihn herum, die nicht minder heftig wurden als in St. Paul. Weil man nicht wissen konnte, wieviel Zeit noch verging, bis man ihn ins Grab legte, ging er sehr vorsichtig mit seiner Barschaft um. Er wohnte in dem Asyl, das von alten, einsamen Männern bewohnt war, die gleich ihm aus allen Teilen der Welt gekommen waren, um hier im Gelobten Land zu sterben in einem kleinen Zimmer wie seins, das er mit einem Bewohner teilte. Er selbst war sanft und still, sein Zimmergenosse war grobknochig und ein wenig bösartig. Während Nathan Levi gern für sich allein nachdachte und lernte und betete, geriet der andere gern in Händel und in die heftigsten Auseinandersetzungen nicht nur mit diesem und jenem Hausgenossen, auch in der Gemeinde, sogar mit Gott selbst; er war für die Schlauheit berühmt, mit der er Erklärungen und Einwände einstreute, während Levi, früh gealtert, für ein wenig töricht galt.

Der alte Levi wurde sich nach und nach erst darüber klar, daß er immerhin noch auf Erden lebte, in alle Mißhelligkeiten des irdischen Lebens verstrickt. Indem er sich darüber klar wurde, fühlte er auch die Last des eigenen Alters. Er dachte weniger an die Tote, die er liebte, und desto mehr an die Lebenden, die er gleichfalls liebte. Er schrieb besorgt an den Sohn, den Doktor Levi in Paris. Er wartete aufgeregt auf Antwort. Er fühlte sich eine Zeitlang ruhiger, wenn ihn die Post über das Wohl der Familie beschwichtigte, die er daheim gelassen hatte. Vor seiner Abfahrt hatte er das Land, in dem er sich jetzt befand, für »Daheim« gehalten.

Der Arzt Levi schrieb viel leichter und heiterer, als er früher mit dem Vater hatte sprechen können. Die leise Unruhe entging ihm nicht, die erst nach und nach aus den Briefen des Alten klang, sowenig wie einem Vater die Unruhe in den Briefen des Sohnes entgeht. Als ihm der Alte einmal schrieb, er könne jetzt seinen Sohn gut brauchen, weil seine Augen schwächer würden, schrieb ihm der Sohn beinah streng zurück: »Du hast Gott bei der Ankunft gedankt, daß Du endlich angekommen bist. Es gibt überall gute Ärzte, besonders da, wo Du bist. Die Heilkunst ist nicht auf ein einzelnes Land beschränkt und erst recht nicht auf einen einzigen Menschen. Ich kann jetzt nicht zu Dir fahren, weil ich meine Hilfe vielen versprochen habe.« Der Vater setzte sich mit dem Brief an die hellste Stelle des kleinen Zimmers,

an das Fenster, das auf den Garten ging. Es war kein üppiger Garten, ein paar junge Bäume umschlossen das Herz des Gartens, das Stückchen Rasen. Die Bäume waren von der Gemeinde gestiftet und gepflanzt worden. Ihr kleiner kreisrunder Schatten reichte gerade aus für eine zusammengerückte Gruppe von Greisen. Der alte Levi fühlte sich durch den Brief getröstet und auch ein klein wenig beschämt. Er nahm sich vor, von jetzt an seine Leiden und Schwächen zu verschweigen. Sein Sohn schrieb fortwährend fröhlich und beinahe aufmunternd, als ob er ahnte, daß sein Vater gerade solcher Briefe bedürfte. Er fragte nicht einmal mehr nach der Augenkrankheit, so daß der alte Mann sich beruhigte, der Sohn hätte seine kurze Klage vergessen.
Der Arzt hatte aber gar nichts vergessen. Er fragte nur deshalb nicht mehr, weil er wußte, daß er dem Alten ohnedies nie mehr würde helfen können. Er schrieb immer weiter leicht und froh, auch als sein eigenes Glück unversehens zerstört war. Auf einmal war ihm, der mitten in der Arbeit stand, der Tod viel näher als seinem Vater, der weggefahren war, um zu sterben.
Er hatte längst den Ruf eines großen Augenarztes, zu dem auch Kranke aus fremden Ländern fuhren. Er selbst sah in dem Erfolg nur ein zufälliges Zubehör seines Berufes, den er treu erfüllt hatte, Tag und Nacht, ohne sich von Müdigkeit oder von Zweifeln irremachen zu lassen oder von Fehlschlägen oder von Klagen. Er war nicht stolz auf den Erfolg. Er war nur den Kranken dankbar, daß sie zu ihm kamen, weil sie bei ihm auf Heilung hofften.
Die junge Frau hatte immer verstanden, daß zwischen daheim und Spital keine Trennung war. Sie hatte ihm von der ersten Stunde an beigestanden, damals, als sie im Hörsaal aufeinandergestoßen waren, ohne zu wissen, daß sie einen Plan ihrer Väter erfüllten. Sie hatte immer danach verlangt, aus dem engen Heim heraus-

zukommen, in dem es nur eine Art Pflichten gab, die ihr dürftig und kleinlich vorkamen. Jetzt hatte sie ernste, schwerwiegende Pflichten in ihrem Haus, in dem die Kranken zur Familie zählten, an den Betten der Kranken, bei der Erziehung des kleinen Sohnes, die nur ein Teil ihrer Pflichten war. Die Eltern freuten sich, daß ihr Sohn in dem Land aufwachsen konnte, in dem sie erst Wurzel hatten schlagen müssen, daß er nicht erst in der Schule Französisch lernte, sondern schon vorher so gut wie sein Lehrer sprach. Wenn sie den Jungen vom Fenster riefen, dann freuten sie sich, wenn er mit den Gassenbuben spielte, so daß er gar nicht von dem Knäuel sich balgender Buben zu trennen war, anstatt, wie früher sein Vater, verlegen, in seltsamen Kleidungsstücken aus der Haustür dem Spiel zuzusehen. Sie teilten Sorgen und Freuden in ihrem gemeinsamen Leben, wie immer in ihren Familien die Väter und Mütter Sorgen und Freuden geteilt hatten, nur waren es andere Sorgen und andere Freuden gewesen.

Der Arzt merkte frühzeitig, als sein äußeres Glück beneidet wurde, daß sein Glück von innen heraus bedroht war. Er täuschte sich nicht über die Art seiner Krankheit, die ihn zuerst nur gelegentlich plagte. Er konnte selbst seinen Todestag beinahe festsetzen, als alle Heilversuche fehlgeschlagen waren. Er nutzte die Zeit, in der er noch kräftig und ruhig war. Sein Vater brauchte nie zu erfahren, daß er vor ihm hatte sterben müssen. Er schrieb darum, obwohl ihn die Schmerzen schon hinderten, mit Aufbietung seiner letzten Kräfte soviel Briefe, wie sein Vater in den vereinbarten Abständen zu empfangen gewöhnt war. Er gab das Bündel vorbereiteter Post seiner Frau und nahm ihr ebenso feierlich, wie ihn sein Vater zum Schreiben verpflichtet hatte, das Versprechen ab, nach seinem Tod einen Brief nach dem andern abzuschicken. Wenn er sich, von Schmerzen gepackt, zum Schreiben zwang, dann fragte sie lächelnd, als sei da-

mit die Gewißheit weggeschoben, wie er denn für die kommenden Jahre Dinge vorausbeschreiben könne. Ihr Mann erwiderte, daß es Dinge genug zu beschreiben gäbe, die nichts auf der Welt veränderte.
Er schickte selbst einen Patienten nach dem anderen zu fremden Ärzten, von denen jeder, wie er beteuerte, ebensoviel wie er selbst verstand. Er machte sich klar, was er gesund nie geglaubt hätte, daß seiner nicht länger bedurft wurde und daß die Gesunden und Kranken ohne ihn auskommen mußten, da die Heilkunst nicht auf einen Menschen beschränkt war, genau wie er seinem Vater gesagt hatte.
Die junge Frau glaubte selbst dann noch nicht an seinen Tod, als er das Kind nicht mehr erkannte. Selbst als er schon auf dem Totenbett lag, konnte sie sich das Kind nicht als Waisenkind vorstellen. Bei dem Begräbnis waren die ehemaligen Nachbarn noch einmal stolz auf den jungen Levi, der es so weit gebracht hatte. Denn viele Ärzte mit großen Namen kamen zu seiner Beerdigung und kleine bärtige Landsleute, sogar der immer noch rüstige Lehrer Rosenzweig. Es kam auch der Lehrer vom Lycée Charlemagne. Ein jeder von beiden dachte bei sich, daß er den Toten zu dem gemacht hatte, was er im Leben gewesen war.
Die Frau schickte pünktlich den ersten Brief an den alten Levi aus dem Vermächtnis des Toten, das ihr wie ein Auftrag des Lebenden vorkam. »Du wunderst Dich vielleicht«, stand in dem Brief, »daß ich nicht sofort zu Dir gereist bin, als Du mir zu verstehen gegeben hast, daß Du krank bist. Du hast mich selbst beim Abschied gelehrt, daß es eine noch höhere Verpflichtung gibt. Du bist von Deiner Familie weggefahren, um Deinen brennendsten Wunsch zu erfüllen. Ich habe damals sofort verstanden, daß nicht Deine Liebe zu mir sehr klein war, sondern Dein Wunsch sehr groß.«
Die Frau besorgte dem Toten Brief nach Brief, so wie

sie ihm lebend jede Last abgenommen hatte. Ein jeder Brief fügte ihr gemeinsam gelebtes, jäh gespaltenes Leben wieder zusammen. Der alte Levi freute sich, wenn er einen Brief bekam, daß er so klug gewesen war, die zwei widerspenstigen jungen Leute, die sich keinen Befehlen gefügt hätten, mit einer List zusammenzubringen. Der Sohn schien auch jetzt zu bereuen, daß er den alten Mann nie hatte an seinem Glück genug teilnehmen lassen. Er fand jetzt auch Worte, um ihm begreiflich zu machen, was ihn mit der Frau verband, als ob er sich früher geschämt hätte, etwas zu rühmen, was der Alte nicht begriffen hätte. Der alte Levi konnte das Bild der jungen Frau nicht recht erkennen, das manchem Brief beigefügt war. Er labte sich an den lobenden Ausrufen seiner Freunde. Er dachte aber, daß keine Frau der Welt, sie mochte sein, wie sie wollte, es je mit seiner eigenen hätte aufnehmen können.

»Ich brauche Dir, lieber Vater, nicht erst zu beschreiben, wie wir drei den Feiertag ohne Dich verbracht haben. Wir lassen den Sessel für Dich frei, als seiest Du nur eben aus dem Zimmer gegangen.« Der alte Levi versuchte, den Brief selbst zu lesen, erreichte aber bald nicht mehr, als das Papier zwischen seinen Fingern zu befühlen. Sein Zimmergefährte, der selbst keine Post bekam und daher mit Neugierde diese Briefe erwartete, kam rasch herbei, um sie langsam und gründlich vorzulesen. Der Alte diktierte ihm auch bald seine Antworten, damit den Sohn seine zittrige Schrift nicht beunruhige. Allmählich gewöhnten sich auch die übrigen Greise im Altersheim, mit ihm auf die Post aus Paris zu warten und ihn zu trösten, wenn er zu lange warten mußte.

Die junge Frau in Paris genoß die väterlich einförmige Antwort an den weit weg lebenden Sohn, als sei durch diesen Briefwechsel der Tod selbst überlistet. An Festtagen sperrte sie sich in ihr dunkles Zimmer, wo sie am besten des Schimmers verlorener Feste hab-

haft wurde. Sie machte sich die Absendung der von dem Mann hinterlassenen Briefe zu einer abergläubisch genauen Pflicht. Die neuen Bewohner des Hauses hatten ihr eine Zuflucht gelassen. Sie hießen Dumesnil, der Mann, ein Augenarzt, war der Freund des Toten gewesen. Er hatte eine junge Frau, so alt wie die Witwe, sie waren in alten Tagen in Freuden und Sorgen zwei gute Paare gewesen. Jetzt war von der alten Freundschaft nichts übrig als der kleine magere Junge und die schweigsame, über die Trauerzeit hinaus dunkelgekleidete Frau, die sich durch nichts bewegen ließ, an ihren Freuden teilzunehmen. Sie schien sich immer nur zu wundern, wie leicht und wie schnell sie den Toten vergessen hatten. Der alte Mann allein wartete sehnsüchtig auf die Briefe. Für ihn war der Mann lebendig wie für sie selbst.
Der alte Levi spürte jetzt immer deutlicher, daß er noch mit einem Fuß auf der Erde stand. Die Erde ließ ihn so leicht nicht fort, wie er geglaubt hatte. Die alten Männer saßen jetzt oft in großer Unruhe beisammen. Das Land ihrer Väter war genauso wie alle Länder der Welt von Unruhe aufgewühlt und von den düsteren Nachrichten, die wie Schwärme von Todesvögeln dem Krieg vorauszogen. Was Hitler beging, war nur ein Nachspiel von alten berühmten Untaten, die ihnen geläufiger waren als alles, was heute geschah, und ihnen traumhaft und zeitlos vorkamen. Der Aufschub des Krieges war einer der ohnmächtigen Versuche, dem Unvermeidlichen zu entgehen. Der Ausbruch des Krieges war das häufig erlebte Vorspiel des unvermeidlichen Endes. Wenn ihre eigene Erinnerung versagte, fanden sie immer noch in der Bibel Vergleiche mit ungeheurem Gemetzel, mit Einkerkerungen und Hinrichtungen und auch mit unwahrscheinlichen Heldentaten. Dort fanden sie Beispiele aus den Zeiten der Richter und der Könige von scheinbar aussichtslosen Wagnissen um des Glaubens willen, auch von todesmutigen Rückzugsgefechten

einer kleinen Schar. Und giftige Pfeilregen waren über die Städte gegangen, so tödlich wie heute die Bomben auf London. Sie saßen eng um den alten Levi herum, der an Wuchs unter ihnen der kleinste Greis war, in dem kleinen runden Schatten, der ihnen allen am Garten am besten behagte. Sie steckten auf diesem Rasenplätzchen die Köpfe zusammen, als wüchsen die starren Bärte aus einer einzigen Dolde.
Der Vater Levi merkte an ihrem fortwährenden Trost, wie schlimm es jetzt in Europa stand und welche Gefahren sein Fleisch und Blut bedrohten. Fast jeder Trost hat ja die Wirkung, daß man an seiner Maßlosigkeit die Gefahr am besten ahnt. Die Jugendtage waren ihm selbst im Alter nur noch klarer geworden. Die Tritte der Kosaken waren ihm nie verhallt. Das weiße, im Sterben glänzende Gesicht seiner Frau war ihm jung und weiß geblieben. Der Kranz von seidigen und von struppigen Bärten zuckte und zitterte um seinen eigenen Bart herum, der gar nicht klein und fein wie er selbst war, sondern greisenhaft wuchtig. »Lieber Vater, unsere Gedanken bleiben bei Dir. Der eine von uns wird weit gerufen, der andere darf nicht von dem Platz weggehen, auf den er einmal gestellt worden ist.« Der alte Levi schloß sich schon längst nicht mehr mit seinen Briefen ein; da er ohnedies auf die Hilfe aller seiner Gefährten angewiesen war, teilte er nicht bloß die Wege mit ihnen, da er nicht mehr allein gehen konnte, die Handgriffe beim Anziehen, die zahllosen Befürchtungen und Mutmaßungen. Er hatte sich auch daran gewöhnt, das Beste mit ihnen zu teilen: die Briefe des Sohnes und den Trost, der ihm aus ihnen kam. »Lieber Vater, was auch geschieht, meine Arbeit bleibt immer dieselbe. Was auch der Tag für Ereignisse bringt, mein Tagewerk ist mir vorgeschrieben. Was auch die Menschen für Wege einschlagen müssen, ich gehe jeden Morgen denselben Weg, von meinem Haus zu meinen Kranken. Was sich auch jetzt auf der Welt ereignet,

die aufregendsten und geheimnisvollsten Ereignisse vollziehen sich für mich in dem Augenspiegel. Ich danke Dir Tag und Nacht, lieber Vater, daß Du mir damals keinen Widerstand entgegengesetzt, sondern mich immer nur bestärkt hast in dem Beruf, den ich mir gewählt habe.« Die weißen und grauen Zotteln kitzelten Levis Gesicht, wenn ihre Köpfe sich über den Brief beugten. Er ließ ihn nicht gern aus der Hand, selbst wenn er ihn nicht entziffern konnte.
Die Witwe in Paris hatte den Ausbruch des Krieges mit all der Ruhe und Gleichmäßigkeit erlebt, die Menschen aufbringen, die an Leid gewöhnt sind. Sie konnte den anderen zeigen, wie man sich in schweren Tagen verhält, die ihr geläufiger waren als jenen, die immer nur gute erlebt hatten. Sie war früher beinah ein Hemmnis geworden, weil es ihr nie gelungen war, sich in die Lustigkeiten und Festlichkeiten zu fügen. Die Doktorsleute freuten sich jetzt, wenn sie eintrat, gewappnet gegen Kummer. Sie wunderten sich, weil sie an ihrem Geburtsland hing, in dem sie als Kind nur Schlechtes erlebt hatte. Seit Polen verbrannt und verwüstet war, besann sie sich nur auf die guten Stunden. Sie sprach von den Bauersleuten, die ihr einen Apfel geschenkt hatten, damals, als man ihre Mutter erschlug. Das ganze gequälte Volk setzte sich jetzt für sie aus dieser Art Bauersleuten zusammen. Der dicke Rock der Bäuerin, in den sie sich einmal hatte ausweinen können, verdeckte damals und heute das Schlechte.
Der alte Mann wartete desto ungeduldiger auf Post, je dringlicher ihn seine Freunde trösteten.
»Lieber Vater, Du darfst nicht verzweifeln, wenn die Post von mir manchmal eine kurze Zeit ausbleibt. Was auch kommen mag, ich bin immer auf meinem Posten. Meine Pflichten verändern sich nie. Du kannst Dir an jeder Stunde am Tag vorstellen, was ich gerade tue. Für mich gibt es keine Zerstreuung und keine Ablenkung mehr. Ich stehe auf, sobald

mich ein Kranker braucht.« Gewiß, den Sohn hielt im Krieg die Pflicht erst recht bei den Kranken fest. Das Glück über den Brief fiel mit dem Segen des kleinen Schattens zusammen, da ihm die Sonne sonst weh tat. Soweit man sich aus dem Gelobten Land in ein schlechtes sehnen kann, hatte er manchmal geheime, sich selbst nicht eingestandene Sehnsucht nach Kälte, die einem die Backen zerbiß, nach der vor Frost gesprungenen Erde, nach unbändigem Schneegestöber. Er labte sich, bis ein neuer Brief kam, an dem Geknister des alten, den er heimlich, statt mit dem Blick mit den Fingerspitzen genoß. Er bat manchmal seine Hausgefährten, den alten Brief zu wiederholen. Sie folgten ihm gerne, weil solche Briefe auch sie trösteten.

Die Witwe des Arztes rüstete schon ihr Gepäck, um abzufahren. Man sagte sich in der Stadt, daß Hitler die Maginotlinie umgangen hätte und jede Stunde näher rücke. Die Flüchtlinge übernachteten auf den Straßen und in Bahnhöfen. Die Autos schleppten seltsame Lasten durch die Tore: Statuen des Louvre, Kisten voller Banknoten, Instrumente von Spitälern, bunte Glasfenster aus den Kirchen. Die junge Frau sah den bepackten Postautos mit dem Gedanken nach, ob jetzt ein Brief ihres Mannes vor dem Einmarsch der Nazis das Schiff erreichen könnte.

Der Fall von Paris war schon zu den Ohren des alten Levi gekommen, als er den Brief in der Hand hatte, auf den er diesmal in einer Verzweiflung hatte warten müssen, die nur durch das Alter gemildert war und durch die Nähe des Todes, der alles dämpft und mildert.

Der älteste Greis, dem merkwürdig scharfe Augen geblieben waren, wie auch sein Verstand scharf und klar war, las allen genau und eindringlich vor: »Mir hat heute morgen ein Kranker einen Traum erzählt, ein junger Mensch, der kürzlich ein Auge verlor. Wir sind noch um sein zweites Auge besorgt. Ich fürchte, ich kann es nicht mehr retten, obwohl ich bemüht bin, ihm das Gegenteil zu versichern. Mir träumte, erzählte er, mein zweites Auge sei gleichfalls verloren. Ich war verzweifelt. Man nimmt mir meinen Verband ab. Auf einmal sehe ich alles mit beiden Augen, sogar mit dem Auge, das gar nicht mehr da ist; ich sehe Sie, ich sehe das Licht; ich sehe den ganzen Krankensaal. – Ein anderer erzählt mir im Spital, er liebe die Nacht am meisten, denn wenn ihm auch tagsüber alles dunkel sei, bei Nacht im Traume erkenne er seine Frau wieder, die Gesichter seiner Kinder.«

Dem Vater dünkte, der Sohn, der sich stets vorm Wortemachen gescheut hatte, fände jetzt erst im Schreiben seine verborgene Beredsamkeit. Er hätte jetzt erst Lust, die kleinen Begebenheiten zu schildern, die er früher bei Fragen gern übergangen hatte.

»Mir wird oft bang, wenn mich die Kranken drängen, ihnen die ganze Wahrheit zu sagen. Sie sagen zwar ›ganze Wahrheit‹, doch was sie meinen, ist Hoffnung. Ich weiß aber schon durch einen Blick, ob ihre Krankheit heilbar ist, oder ob nur der Tod sie heilen kann.«

Der alte Levi fühlte, daß solche Worte auch auf ihn selbst gemünzt waren. Er stellte sich unter dem Ewigen Licht eine milde Klarheit vor, die ihm kein Arzt mehr verschaffen konnte, und wäre er selbst dem Sohn überlegen.

Die Witwe des Arztes hatte inzwischen mit ihrem Kind den Ausgang aus Paris angetreten. Sie gehörten zu den Verdammten, die das Jüngste Gericht in der teuflischen Juniwoche von Sonntag bis Mittwoch über die Route d'Orléans gegen die Loire jagte. Sie drückte in dem Auto der Arztfreunde ihr Kind hart an sich. Sie kamen ruckweise vorwärts in dem Wirbel und in den Stockungen des Menschenstroms. Am Straßenrand lagen die Trümmer verunglückter und von Fliegern zerstörter Autos in Klumpen von Toten und von Verwundeten. In dem Unglück, dem das Herz nicht mehr gewachsen war, erschien selbst der

Tod nur ein unvermeidlicher Zwischenfall. Auf vielen Bäumen hatten Mütter die Namen der plötzlich im Gewühl verlorengegangenen Kinder angeschrieben. Die Witwe des Arztes hatte nicht mehr das Bewußtsein, ihr Mann sei tot, viel eher, er sei in dem Wust verlorengegangen. Die tiefe Gleichgültigkeit der Frau, ihr Unbewegtsein von Todesgefahr, das ihr die Verzweiflung eingab, erschien ihren Reisegefährten als Mut. Sie krochen alle zusammen unter das Auto, wenn ein Fliegergeschwader am Himmel heransurrte. Sie hörten jedesmal um sich herum in Splittern und Trümmern das Geheul von Menschen. Sie hatten das Glück, daß ihr Wagen heil blieb. Sie merkten erst im Weiterfahren, daß das Kind gestreift worden war. Weil es viel zu verstört war, um zu klagen, bemerkten sie seine Wunde erst, als sein Kittel von Blut trätschte. Sie fuhren das Ufer der Loire entlang auf der Suche nach einer Brücke, die noch nicht gesprengt war. Die Menschen schrien, zwischen Pfeilern baumelnd, in ihren zerbrochenen Wagen. Das Kind lag auf den Knien der Mutter, betäubt oder in krankem Schlaf. Es schlief auch noch auf der rechten Loireseite, als sie nachts in ein Gehöft krochen. Sie rasteten, bis sich der Junge erholt hatte. Dann fuhren sie rasch gegen Süden. Obwohl die Frau ihr ganzes Gepäck bei der Reise eingebüßt hatte, trug sie das Päckchen von ihrem Mann hinterlassener Briefe noch unversehrt in der Tasche. Es war ihr ein ebenso teures Gut wie dem alten Vater, die Bürgschaft des Lebens. Sie setzte das Kind am Bahnhof von Toulouse in den Schoß der Freundin, um den nächsten Brief einzuwerfen.
Sie fanden Zuflucht in einem Dorf an der Rhône, das von Flüchtlingen vollgestopft war. Die Dumesnil waren ihrer Untätigkeit bald müde. Sie trauten dem Waffenstillstand sowenig wie den neuen Herren in Vichy, die ihn unterschrieben hatten. Sie rüsteten sich, von Marseille nach Algier zu fahren, weil dort ihre

Kraft gebraucht werden konnte. Sie drangen umsonst in die Frau Levi ein, sich mit dem Kind ihnen anzuschließen. Doch eben das Kind, das immer noch schwach und kränklich herumlag, wurde der Frau zum Anlaß, ihre Reise hinauszuschieben; ein Anlaß, der eher ein Vorwand war, ihre restlichen, viel zu geringen Kräfte nicht länger gegen ein Schicksal aufzulehnen, in das sie von vornherein ergeben war, weil sie keinen Widerstand mehr aufbrachte. So daß die Dumesnil nicht mehr aus Freundespflicht bei ihr aushalten konnten, sondern sich auf ihre eigene Kraft und auf ihr eigenes Schicksal verließen. Frau Levi gab den Freunden den letzten Brief des Toten, da sie ihrem Schicksal schon selbst mißtraute, nach Afrika mit, damit er sicher befördert wurde. Das Bild des alten Vaters hatte zwar seine Leuchtkraft eingebüßt wie alle Erinnerungen, das Bild des Toten war aber klarer geworden.

Als der alte Levi den Brief bekam, den die Frau noch selbst in Toulouse eingeworfen hatte, da rückten die Greise dicht um ihn herum. Der greiseste Greis, dem der Brief nur noch schimmerte, las ihn in die Augen und Ohren. »Das Kind fragt uns oft, wann Du wieder zurückkommst. Es kann nicht verstehen, daß Du fort bist. Ich denke manchmal, wie schlau die Kinder sind, daß sie den Tod nicht wahrhaben wollen. Sie halten das Sterben für einen von den sonderbaren Einfällen, die wir Erwachsenen manchmal haben.«

Obwohl der alte Levi schon längst nicht mehr lesen konnte, setzte er sich in seiner freien Zeit allein mit dem Brief an den gewohnten schattigen Platz. Man hätte von weitem glauben können, er sei noch ein junger, gesunder, scharfsichtiger Mensch, wenn man ihn beobachtete, weil er den Bogen immer wieder entfaltete und das Kuvert glättete und, immer wieder die Lippen bewegend, über die Zeilen flog, deren bloßer Schimmer ihm vertraut war. Er war viele Wochen mit dem Brief ruhig. Dann fing er an, auf

einen neuen zu warten, zuerst im geheimen, immer
noch von dem alten getröstet, dann seufzend und
nach Post fragend und schließlich laut unruhig und
sichtbar gequält. Die Mitbewohner trösteten ihn, so
gut sie konnten. Doch konnten sie nicht verhindern,
daß er stets nach der Ankunft des Postboten horchte
und manchmal tapsend und tastend dem Briefträger
entgegenging, nur um zu erfahren, daß sein Sohn
noch nicht geschrieben hatte. Der Älteste, der hell-
äugige Greis, der auch der schlaueste war, kam auf
den Gedanken, selbst einen Brief zu verfassen, denn
der alte Levi konnte den echten ja nicht mehr lesen.
Die Hausgefährten weigerten sich. Ein solcher Betrug
erschien ihnen sündhaft. Wenn schon ein Unglück bestimmt sei, dann müsse es ertragen werden.
Inzwischen wartete jene Arztfamilie Dumesnil an
ihrem Bestimmungsort in Algier auf die Ankunft der
jungen Frau mit dem Knaben. Statt ihrer kam nur
die Nachricht, der Sohn sei noch zu krank, um abzufahren. Sie drängten, weil die Nazibesetzung Frank-
reichs von Tag zu Tag drohte. Die Witwe begann
zwar endlich, ihre Überfahrt anzuordnen, die immer
verschoben wurde, wie es vielen ging, durch die Be-
schaffung all der Zulassungspapiere. Die Frau des
französischen Arztes erinnerte sich unterdessen ihres
festen Versprechens, den anvertrauten Brief an den
alten Levi zu besorgen. Sie verstand, daß die Absendung dieses Briefes ein Gelöbnis war, das ihre Freundin unverbrüchlich ernst nahm.
Der alte Levi war von Krankheit und vor Verzweiflung winzig zusammengeschrumpft. Genau das war
eingetreten, was der Sohn verhindern wollte. Statt
Friede im Land seiner Väter zu finden, war er in Gedanken im Land seiner Kinder, in dem es blutig und
wild herging. Er malte sich alle Leiden aus, die den
Sohn betroffen haben konnten. Es deuchte ihn jetzt,
er hätte ihn im Stich gelassen.
Er saß an seinem gewohnten Platz, den letzten Brief

in einem fort mit den Fingern zerknitternd, als sein Nachbar herankeuchte, der neue Brief sei gekommen. Man rief den Helläugigen; um zuzuhören, drängten die anderen Hausgenossen um den Greis.
»Mein lieber Vater, ich habe in der Nacht geträumt, ich ginge durch die Höfe und Gänge von St. Paul, ich war ein kleiner Junge, ich ging gar nicht an Deiner Hand, sondern an Großvaters Hand. Wir gingen die Wendeltreppe hinauf in den ersten Stock der Synagoge. Die Großmutter zeigte mir von oben herunter die Jahreszeitskerze, die für die Mutter angesteckt wurde. Ich sah auf das Flämmchen begierig hinunter.«
Der alte Levi drehte sein Gesicht, das vom Weinen schnell naß war. Er fühlte wieder einen Anflug von Sehnsucht nach seiner irdischen Heimat. Wie merkwürdig diese Sehnsucht nach einem elenden Land, in dem man nichts anderes erlebte als Schmach und Leiden. Die unklaren Gesichter sämtlicher alten Männer, die inzwischen alle herbeigekommen waren, durch die Neuigkeit von dem Brief in den Garten gelockt, verschwammen mit den Gesichtern noch viel älterer Männer, die die Zeit verwaschen hatte. Der alte Levi wunderte sich, weil auch sein Schwiegervater mit dem fransigen, dünnen Bärtchen hierhergefahren war. Der Lehrer Rosenzweig war auch gekommen, er fuchtelte streitsüchtig mit den Händen. Der Bruder der Schneiderin, der seinem kleinen Jungen in Paris die hebräische Schrift beigebracht hatte, als niemand noch ahnte, was für Ruhm der Junge erwerben sollte. Der Ruhm war dem Vater selbst unfaßbar geworden, nicht als ob er schon vergangen sei, sondern als ob er noch gar nicht begonnen hätte. Jetzt drängte sich jener Schreiner in den Kreis, der seine Werkstatt in dem Hof der Synagoge in St. Paul hatte. Er war ein spindeldürres Männchen, verwachsen, mit einer weißen Flocke von Bärtchen. Sie fingen alle miteinander an, sich aus dem Brief vorzumurmeln. Die schmale, schmutzige, ewig schattige Gasse war über ihnen von den Tür-

57

men und Zinnen des verfallenen Palastes gerändert.
Er trat unsicher in den Hof. Das krumme Männchen mit seiner weißen Flocke von Bärtchen nahm ihm die Kerze ab, die er vorsichtig in der Hand trug. Er steckte sie in ein freies Loch in der zinnernen Platte, in der es schon etliche Kerzen gab. Der Schwiegervater sprach das Gebet, und er zündete die Kerze an. Das glänzend bleiche, zarte Gesicht seiner Frau, die bei dem Pogrom im Keller gestorben war, glimmte in dem Flämmchen auf. Es war so lieblich, daß das Gesicht seiner Schwiegertochter nicht damit zu vergleichen war. Sie war so fein und dünn wie die Kerze, und alles, was nachkam, war vergänglich und unfaßbar wie die paar Wachstropfen, die auch zerschmolzen.
Die junge Witwe war nicht rechtzeitig abgefahren. Die Naziarmee besetzte ganz Frankreich. Die französischen Freunde in Algier liefen umsonst von einem Schiff zum andern. Sie bekamen nach einiger Zeit nur die Nachricht, die Frau mit dem kranken Kind sei irgendwohin verschleppt worden. Sie hatte, wie es zu gehen pflegt, die Abfahrt verschoben, um das Kind zu schonen, und dadurch nur den Untergang vorbereitet. Die Freunde hofften auf kein Wiedersehen mehr. Sie sprachen nur manchmal davon, Mann und Frau, die beiden Franzosen, ob man nicht einen Brief an den alten Levi verfassen müßte. Sie fanden auch einen Flüchtling, der imstande war, einen Brief zu verfassen, der ungefähr den Briefen entsprechen mochte, an die der alte Mann gewöhnt war. Da der alte Levi in dieser Zeit schon beerdigt war, erfuhr man nicht mehr, ob der Brief völlig gelungen war. Er befriedigte jedenfalls nicht die übrigen Hausbewohner. Sie waren bereits so stark an die Ankunft der Briefe gewöhnt, daß sie auch jetzt, nach Levis Tod, diesen Brief auf dem gewohnten Platz miteinander lasen. Vielleicht war nur die Abwesenheit des Empfängers daran schuld, daß sie sich nicht ganz so beruhigt und erquickt wie früher fühlten.

Die Saboteure

I

Im Frühjahr 1943, in einem Abschnitt der ukrainischen Front, als der Befehl an die deutschen Soldaten ausging, das Dorf Sakoje zurückzuerobern, versagten ein paar Handgranaten bei dem Sturm auf das Gehöft, das die Schlüsselstellung war. Als man die Verlustliste prüfte, ergab es sich, daß mehrere Leute durch vorzeitige Explosion ihrer eigenen Handgranaten gefallen waren. Man meldete auch, daß eine gewisse Anzahl von Handgranaten nicht explodiert war. Man stellte fest, daß die Handgranaten in einer Fabrik bei Griesheim am Main zusammengestellt worden waren. Die Kompanie hätte das Gehöft ohnedies nicht halten können. Sie wurde mit ihrem Bataillon am nächsten Tag acht Kilometer hinter das Dorf Sakoje zurückgetrieben. Denn nicht von dem Himmel, nicht von den flockigen, luftigen Wolken, die an dem Himmel segeln über der endlosen ukrainischen Ebene, noch von dem Panzerauto des Stabes geht die Entscheidung aus, die unwidersetzbare, sondern aus der geheimnisvollen Tiefe, dem Willen der Völker, o Lenker der Schlachten!

Die Gestapo stellte aus dem Stempel der Handgranaten fest, in welcher Werkstatt und an welchem Tag sie dort fabriziert worden waren: am Tage des Ausbruchs des Krieges gegen die Sowjetunion. Die folgenden Nachforschungen ergaben, daß drei Arbeiter an der Sabotage beteiligt gewesen waren, Hermann Schulz, Franz Marnet und Paul Bohland. Als man zur Verhaftung schritt, ergab es sich, daß zwei von ihnen, Marnet und Bohland, längst ins Feld gerückt waren. Der Bohland war schon gefallen. Franz Marnet war vermißt. Der dritte, Hermann Schulz, der noch im Betrieb stand, wurde verhaftet und hingerichtet. Womit die Gestapo noch einmal vor Toresschluß bewies, daß ihre Mühlen immer weiter so emsig, so haargenau mahlten wie die des entbehrlich gewordenen, längst abgesetzten Herrgotts, genauso gründlich, genauso fein.

Wenn Hermann Schulz frühmorgens sein Dorf auf dem rechten Rheinufer verlassen hatte, fuhr er, kurz nachdem er über die Mainbrücke geradelt war, in die Straße ein, die früher Lange Straße geheißen hatte und jetzt Wilhelm-Opel-Straße hieß. Er drückte immer schon vorher dreimal auf seine Fahrradschelle mit einem Blick auf das Küchenfenster im großen Eckhaus. Das Fenster war mit Gardinen und Geranien verziert. Frau Bohland hatte dafür sogar einmal einen Preis bekommen, als kurz vor dem Krieg die Blockwartsfrau, die gleichzeitig einen Posten in der NS-Frauenschaft hatte, die Renovierung des Hauses zu einem Wettbewerb benutzte. Das Haus war drei Stockwerke hoch; es war ziemlich alt; es war schon im ersten Jahrzehnt des Jahrhunderts erbaut worden. Es hatte Generationen, wohl zehntausend oder fünfzehntausend Früh- und Nachtschichten, an sich vorbeiziehen oder radeln sehen aus Kostheim und Mainz-Kastel und aus den Rieddörfern.

Wenn Hermann dreimal geschellt hatte, ging das Fenster auf. Der Kopf der Frau Bohland zeigte sich in einer Wolke Gardinen wie eine runde, silbrig schimmernde Morgensonne. Sie war älter als ihr Mann und sah noch älter aus. Sie rief: »Er kommt!« Wenn Hermann dann an der Haustür vorbeikam, schwang Paul Bohland sich schon aufs Rad. Er war ein kleines, struppiges Männchen, genannt das Zwetschgenkernchen; wozu es auch paßte, daß sein Gesicht immer rotblau anlief, wenn er trank oder wenn er besonders vergnügt oder verärgert war. Die beiden fuhren nebeneinander in das Rudel hinein; sie stießen meistens am Ausgang der Wilhelm-Opel-Straße auf einen gewissen Franz Marnet, der aus Schmiedheim herunterradelte. Er schloß sich ihnen nicht an, und sie begrüßten ihn nicht. Darüber erstaunte sich längst niemand mehr. Das Zwetschgenkernchen hatte den Grund oft angedeutet. Der Schulz und der Marnet, die jahrelang Freunde gewesen waren, hatten sich kurz nach Marnets Hochzeit überworfen. Franz hatte Hermann zum eigenen Pachtpreis den Garten am Main abgetreten, der der Familie der Frau gehörte. Es hatte sich danach herausgestellt, daß die Pumpe schadhaft gewesen war. Daß Hermann sich darüber grämte, war verständlich. Doch auch, daß der Franz, wenn ihm eine Heirat endlich klappte, mehr auf den Vorteil der neuen Familie sah. Bei diesem Punkt blieb das Geschwätz immer an der Heirat selbst hängen. Der Franz mußte etwas an sich haben, was den Mädchen mißfiel. Zahlreiche Liebschaften waren ihm schiefgegangen, bis er endlich auch bloß die Lotte bekam. Das war eine nicht ganz junge, nicht gerade hübsche Person; ein Auge verschandelt durch irgendeinen Betriebsunfall. Sie hatte auch schon eine kleine Tochter von einem Burschen, der ihr abhanden gekommen war, wie, wußte man nicht mehr recht. Das war auch nicht jedermanns Sache, ein fremdes Kind großzuziehen.

Man hörte aber auch darüber auf, sich zu wundern. Die ganze Welt geriet atemlos in Bewegung. Man wunderte sich über Frankreich und über Holland, über England und über Afrika. Man wunderte sich über so entlegene Dinge wie die nördliche Hafenstadt Narvik und die Mittelmeerinsel Kreta. Man hielt sich nicht mehr soviel wie früher über schadhafte Gartenpumpen auf.

Am Vorabend des 22. Juni stießen Paul Bohland und Hermann Schulz bei der Heimfahrt wie gewohnt auf den Franz. Der war gerade vom Rad gesprungen, um es bergauf auf Schmiedheim zu drücken.

Die Menschen, die heimwärts zogen, so schnell es ihre Erschöpfung zuließ, gegen die Stadt und in die Rieddörfer und in die Hügel, ahnten nichts davon, daß dieser Abend, der endlich wieder einen bitteren Tag abschloß, nur ein Vorabend war. Das Abendlicht über dem Wasser glänzte nur hier und da schwach durch den blaugrauen Rauch. Der Rauch ballte sich um die Fabriken in dicken Schwaden. Er senkte sich auf die Dörfer, so daß man kaum Lichtpünktchen aufblinken sah. Die künstliche, unheimlich plötzliche Dämmerung schmeckte bittersüß auf der Zunge, sie rußte die Runzeln, die Augenwinkel, die Ohren- und Nasenlöcher; sie legte sich einem auf das Herz in unsäglicher Beklommenheit.

Der Paul, auch Zwetschgenkernchen genannt, und der Hermann radelten um den Franz herum, der vom Rad gesprungen war. Dem Zwetschgenkernchen entging der einzelne kurze Blick nicht, den Franz in Hermanns Gesicht warf. Man konnte ihn nicht wie ein Wort behalten, geschweige denn weitergeben oder gar anzeigen; er schoß scharf durch die künstliche Dämmerung; er wurde sofort ins Innere zurückgezogen, weil da kein Licht mehr sein darf.

Als Paul zehn Minuten später, zu steif und zu müde, um sich zu waschen, vor dem Küchentisch saß, sagte er in den Suppenteller: »Komisch.« Die Frau sagte: »Was ist denn komisch an der Suppe?« – »An der Suppe nichts«, sagte Paul, »an der Feindschaft zwischen dem Franz und dem Hermann. Daß so einer wie der Franz mit so einem wie dem Hermann nach so einer langen Freundschaft in so eine Feindschaft gerät. Warum? Wegen einer Gartenpumpe.« Die Frau sagte: »Sie sind ja nicht wegen der Gartenpumpe in Feindschaft. Man braucht doch zu einer richtigen Feindschaft einen richtigen Grund. Den will man vielleicht nicht eingestehen. Dann sucht man sich einen. Da hat sich eben die Pumpe gefunden.« Weil Paul nur brütete, fuhr sie fort: »Ich denke mir, wegen der Frau.« Sie fügte hinzu, obwohl ihr Zwetschgenkernchen nichts äußerte: »Du meinst vielleicht wegen

der Frau von Franz. Ach wo! Ich meine wegen der eigenen. Denn die vom Hermann ist ja blutjung. Die könnte seine Tochter sein.« Paul sagte kurz: »Du spinnst.«
Er schlug seine Zähne in den Suppenknochen; er nagte ihn ab. Dann sagte er: »Der Franz hat heute den Hermann so angesehen, als ob er ihm sagen wollte: ›Ich könnte schon wieder, wenn du nur könntest.‹« Er brach wieder ab. Er machte sich noch einmal an den Knochen. Denn ein Gedanke war ihm gekommen, den er nicht aussprechen wollte. Der an ihm vorbeigeschossene schräge Blick hatte mehr bedeutet als ein Versöhnungsversuch. Er hatte die Bürgschaft der alten Freundschaft bedeutet. Doch solche Beobachtungen waren nicht einmal für die Frau bestimmt.
Frau Bohland hatte sich vor ihn hingesetzt, und wie sie ihn ansah, den struppigen, kleinen Mann, der mit stumpfem Blick unentwegt an dem Knochen nagte, da zog sich ihr Herz in einer ihr selbst jetzt unverständlichen Trauer zusammen. Wie er dann, wie gewohnt, das Mark aus dem kahlen Knochen sog, gedachte sie voll Verzweiflung, als seien alle menschlichen Schmerzen verschwistert, des Sonntags, an dem sie genauso beisammengesessen hatten. Das dünne Pfeifen des Knochens war seither gleich einer Fanfare für immer mit der Ankündigung des Unglücks verbunden: »Gefallen in der Schlacht von Frankreich.« Sie hatte gar nicht geglaubt, daß ihrem Sohn etwas zustoßen könnte. In Frankreich, wo nur gesiegt wurde. Paul hatte die Tür verschlossen, damit die Nachbarn nicht auf ihr Gejammer hereinstürzten, damit sie die Frau nicht keuchen hörten: Was nützt uns bloß all das Gesiege! An diesem Tag war zum Glück der Hermann zu seinen Schwiegereltern geradelt, den kleinen Jungen vor sich auf der Lenkstange. Paul hatte Vater und Sohn durch das Fenster heraufgewinkt. Er hatte damals den Hermann nicht mehr ge-

kannt als von den Wegen in die gemeinsame Abteilung. Er hatte zuerst der Frau den Mund zuhalten wollen, als sie beim Anblick des Kleinen heulte. »Macht Schluß, bevor man euch den noch frißt!« Doch Hermann hatte sanft Pauls Hände zurückgebogen. Paul hatte sich still gewundert, wie Hermann der fremden Frau übers Haar fuhr in echter, rauher, schweigsamer Trauer. Der kleine Sohn hatte verwundert zugesehen. So krümmen sich also die Mütter, so winden sie sich, wenn wir Jungens sterben.
Hermann hatte damals bis in die Nacht bei ihnen gesessen. Erstaunliche Worte waren zwischen ihnen gefallen zu dem leiser werdenden Schluchzen der Frau. Am nächsten Morgen waren sie in die Fabrik wie immer geradelt. Als er nachmittags heimkam, war die Frau zwar nicht getröstet, aber irgendwie betäubt durch eine Unmenge Beileidsbezeigungen, die ihr unerwartet widerfahren waren. Sie sagte: »Man könnte meinen, wir seien wunder wer.« – Nicht nur die Nachbarn hatten ihr nacheinander die Hand gedrückt. Die Blockwartsfrau war gekommen, die Abgesandten der Frauenschaft, der Arbeitsfront, der Hitler-Jugend, des 178. Infanterieregiments. Das Zwetschgenkernchen sagte: »Wenn sie sich bloß bei Lebzeiten halb soviel um ihn gekümmert hätten.« Er schwieg dann, weil er die Frau ihres dürftigen Trostes nicht auch noch berauben wollte. Es hatte ihr offenbar wohlgetan, daß man immerhin merkte, was für ein Sohn gefallen war. Sie dachte jetzt auch, ihr Sohn, ihr Einziger, war nicht glanzlos verschwunden; er sei, wie alle Besucher verstanden, für etwas Besonderes gefallen, für alle, für sein Volk. Das dachte die Frau. Was der Mann dachte, wurde nicht laut. Er schwieg immer über den Toten.

Paul hatte den Suppenknochen noch nicht ganz aufgegeben, als Hermann endlich in seinem Rheindorf Binzheim ankam. Er hatte den längsten Heimweg von

allen, seit er nach dem Tod seiner Schwiegereltern ihr Häuschen bezogen hatte. Er fühlte sich aber dafür der hexischen Nebelkappe entronnen, wenn er, die Mainbrücke hinter sich, auf dem Uferdamm auf das Dorf zu radelte. Der Rhein schimmerte zwischen den Weiden. Es roch nach Wasser und Erde.
Marie erwartete ihn vor der Haustür. Sie hatte ein Taschentuch um den Kopf gebunden. Sie glich mehr einer Bauerntochter als der Frau eines Fabrikarbeiters. In ihren klaren grauen Augen lag unbedingte Ergebenheit. Sie zog etwas ängstlich die Brauen zusammen, als fürchte sie einen strengen Vater, wie Hermann sich an die Suppe machte, die etwas angebrannt war. Doch Hermann merkte es gar nicht oder stellte sich so, worauf sie vergnügt hinauslief und sang. Er fühlte immer dieselben Gewissensbisse bei dem Klang ihres reinen Stimmchens, weil er sich vor fünf Jahren das junge Ding ergattert hatte, um etwas Liebliches um sich zu haben in seinem verworrenen Leben. Er hatte, zumal in dem ersten Jahr der Ehe, jede Nacht gefürchtet, sein Haus könnte von SS und SA umstellt sein. Gerade das hatte sein Herz beschwichtigt, was sein Gewissen am meisten quälte: daß sie auch nicht das geringste von den Gefahren ahnte, die beinahe wunderbar über ihn hinweggingen. Er blieb zuletzt unverdächtig übrig von einem alten Wuchs von Freunden, die mit der Zeit verhaftet oder ermordet oder geflohen waren. Er folgte dem Rat, der ihm zuging: Sich still verhalten, sich für das Wichtigste aufsparen. War denn das unaufhaltsam weggleitende Leben überhaupt aufzusparen? Woran? Für was? Von Zeit zu Zeit überwältigte ihn das Gefühl, das Wichtigste sei längst eingetreten, er aber habe sich aufgespart.
Die junge Frau sang, weil er nicht beanstandet hatte, daß die Suppe angebrannt war. Er hatte an das gedacht, was man ihm als Kind über das Leben erzählt hatte, daß man es wegwerfen muß, um es zu gewinnen.

Sein Junge zupfte ihn am Ärmel. Er wurde jeden Monat am Türrahmen gemessen. Die Kerben am Pfosten zeigten das Wachstum des Kindes an. Der Vater hatte damit begonnen, als es kaum auf den Füßen stehen konnte. Drei Handbreit über dem höchsten Strich stand eine einzelne, einsame, scharfe Kerbe. Als Hermann sie eingeschnitten hatte, war sein Gedanke gewesen: Wenn er mal bis dahin hinaufreicht, ist Hitler fertig. Ich gebe ihn nie in seine Schule. – Der Junge schlüpfte aus den Schuhen. Er stellte sich in Socken vor den Pfosten. Er legte sich selbst das einzige Buch auf den Kopf, das immer noch auf der Kommode lag. Die Bibel seiner Großmutter, von der sich die Mutter nicht trennte. Er machte sich so stramm wie möglich, weil er die einzelne Kerbe erreichen wollte. Hermann dachte: Wir haben nicht mehr viel Zeit. Danach sieht es gar nicht aus. Das tolle Gesiege in Frankreich hat alle munter gemacht. Der Junge soll sich nicht recken, er wächst zu schnell. – Er dachte auch, daß er einmal, nur ein einziges Mal, sich mit dem Franz kurz aussprechen wollte, denn das Alleinsein war unerträglich. Er dachte und fühlte das alles nicht darum, weil es ein Vorabend war, sondern weil er dasselbe jeden Abend dachte und fühlte.

Beim Morgengrauen taumelte er, trotz dem Guß kalten Wassers über Kopf und Brust noch nicht ganz wach, zu seinem Fahrrad. Er ärgerte sich, weil der Sonntag nicht frei war. Die Frau, die ihm Kaffee aufgebrüht hatte, legte sich noch einmal auf ihr Bett. Es blinkte in den verhangenen Dorffenstern. Die letzten Sterne blinkten hinter dem Weidengebüsch, zu hell und zu spitzig für die Verdunkelungsvorschrift. Sie verblichen schon, als er sich der Wegkreuzung näherte, wo die Straße nach dem Dorf Riedlingen auf den Damm stieß. Dort erwartete ihn, ihm zugekehrt, eine Gruppe von Männern.

Er konnte in der Dämmerung ihre Gesichter nicht erkennen. Aber sein Herz, als sei es auf eigene geheime Art mit den Männern verbunden, die er noch kaum unterscheiden konnte, fing schon drohend zu klopfen an. »Hermann«, sagten die Menschen, »Hermann, was sagst du jetzt?« – »Ich? Zu was?« sagte Hermann. Jetzt, da ihn ihre weißen Gesichter umringten und ihre Augen anglänzten, wußte er, daß sich vor kurzem etwas Ungeheures ereignet hatte. Er begriff auch, daß sie ihn deshalb hier abpaßten, einen Aufschluß von ihm erhoffend, gerade von ihm, obwohl er abseits von ihnen lebte, wortkarg und einsam. »Er weiß es noch gar nicht«, sagten die Menschen, »stellt euch vor, er weiß es noch nicht.« Einer von ihnen, der Sievert hieß, sagte, indem er ihm genau in die Augen sah: »Es ist Krieg mit den Russen.« Alle starrten auf sein Gesicht, als sei die Mitteilung, die man ihm jetzt gemacht hatte, eine Zauberformel, die die geheimste Höhle öffnet. Aber die Männer, die im Frühlicht nicht sehen konnten, wie tief sein Gesicht erbleicht war, gewahrten nur einen seltsamen, ihnen unbegreiflichen Ausdruck von Stolz und Verschlossenheit. Sievert sah ihm unverwandt genau in die Augen. Hermann mußte schließlich etwas sagen. Er sagte: »Wir müssen auch damit fertig werden.« Worauf Sievert den Blick von ihm abzog, zugleich enttäuscht und befriedigt, weil nichts Verdächtiges aus dem Mann herauskam. Der alte Bentsch sah ihn nachdenklich von der Seite an. Er kannte Hermann aus alten Zeiten. Was meinte Hermann mit seiner Antwort.

Plötzlich zuckten alle zusammen und stürzten sich auf die Räder. Auf dem Damm in wilder Fahrt hörte Hermann Stücke von Sätzen: »Das ist der Anfang« – »das ist das Ende« – »das hat mal kommen müssen« – »das hätt nicht so kommen brauchen« – »jetzt hört es auf« – »jetzt fängt es an.« Er aber, Hermann, wie sie sich dem Brückenkopf näherten, und aus den Dörfern zogen die Männer mit bangen oder aufgerissenen Gesichtern, er fühlte, wie er sein Heim, seine

Frau und sein Kind so weit hinter sich ließ, daß alles in der Erinnerung verblaßte, wie er auch endgültig an allem vorbeifuhr, was er jetzt um sich sah, an den gewundenen Weidengruppen, an den Kirchturmspitzen auf dem andern Ufer, an der Anlegestelle mit ihren zwei Pfählen, um es nie mehr wiederzusehen. Wenn er einmal die beiden Brückenköpfe passiert hatte, wenn er in die Fabrikzone einfuhr, war ihm der Tod so nahe, wie er nur jemand sein kann, der entschlossen ist, sich für nichts mehr aufzusparen. Vor der Mainbrücke stauten sich alle, die mit den Fähren und auf der Straße und auf den Feldwegen aus den Rieddörfern gekommen waren. In allen Gesichtern zusammen, so schien es Hermann, zuckte etwas, als seien sie schon vermodert gewesen und heute, gerade zu dieser Frühschicht, aus ihrem ewigen Schlaf geweckt. Er dachte: Werden sie wohl auch heute ihre zehn Stunden herunterschuften, ihre Stückzahl machen, wenn sie auch jetzt genau wissen, das geht alles gegen Rotarmisten? Nein, dafür werden die Toten nicht aufgeweckt, um noch mal in dasselbe Leben zu schlittern. Nein, das Unmögliche kann nicht möglich sein.

Hinter der Mainbrücke drängte es sich um den kleinen grauen Opel, der dem Oberingenieur Kreß gehörte. Das war ein behender, spöttischer, witziger Mensch, den alle irgendwie leiden mochten. Er sah jetzt noch etwas spöttischer in die Menschen, die sich um ihn drängten. Sie fragten: »Herr Oberingenieur, ist es denn wirklich wahr?« – »Klar, daß es wahr ist«, erwiderte Kreß. »Ihr habt es ja alle gehört.« – »Werden die jetzt genauso schnell fertiggemacht?« – »Klar«, sagte Kreß, »wenn der Führer über den Njemen geht, wird er ein großes Reich zerstören.« Eins unter den hundert Augenpaaren hakte in seines. Er kannte den Mann, der dazugehörte. Einmal, vor fünf, sechs Jahren, hatte er kurz mit Hermann zu tun gehabt. Einer hatte den andern wiedererkannt, als sie

aus zwei verschiedenen Arbeitsstätten schließlich in derselben Fabrik gelandet waren. Aber sie hatten sich fremd gestellt, als sei der nächtliche Treffpunkt in Frankfurt ihrem Gedächtnis entfallen, jener flüchtige Händedruck, mit dem Hermann damals seinen Bericht abschloß; Heislers Flucht sei geglückt, bei der sie beide die Hand im Spiel gehabt hatten. Kreß hatte damals lange mit spöttischem Mund gezittert, es könnte doch noch herauskommen, daß er den Flüchtling eine Nacht bei sich verborgen hatte. Wo steckte der jetzt? Auf der Erde? Unter der Erde? Kreß fuhr vorsichtig auf den Wink des Polizisten die Straße hinunter, die seit der Nacht mit einer doppelten Postenkette besetzt war. Aus den zusammengedrängten Menschen krachte ein Heil in gewissen Abständen, stoßweise. Es kam aber aus dem Lautsprecher, der über der Straßenkreuzung montiert war. Die überirdische Stimme des Lautsprechers wurde von irdischen Fragen durchkreuzt: »Daß jetzt der Russe auch gegen uns geht.« – »Wir gehen ja wohl gegen ihn.« – »Es hat doch noch gestern geheißen, das sei ein Bündnis durch dick und dünn.« – »Könnt ihr nicht eure Mäuler halten?« – »Wenn man Heil brüllt, dann reißt du deins auf.«
Eine Gruppe stand vor dem Eckhaus, wo Hermann jeden Morgen dreimal auf seine Radschelle drückte. Das Zwetschgenkernchen wartete heute schon auf der Straße. Seine Augen suchten den Hermann in den radelnden Menschen. Nur in einer einzigen Nacht, in der es die Nachricht empfangen hatte, sein Sohn sei gefallen, hatte Hermann in seinem Gesicht, das zugleich kindlich und greisenhaft wirkte, diese Bestürzung gesehen.
Paul sagte unterwegs zu Hermann: »Also, jetzt müssen wir auch gegen die.« – »Niemand muß«, erwiderte Hermann. Die zwei Worte, wie zwei Steine, die man in einen Mühlgang schiebt, machten, daß Pauls Gedanken knirschten und stockten, knirschten und stockten.

Nach der Mündung der Wiesbadener Straße wurde der Zug von Radfahrern so dicht, als rollte die ganze Straße nach Höchst zwischen den Säumen von Fußgängern. Paul war im Stehen ein Zwerg, im Radeln brauchte er nicht zu Hermann hinaufzusehen. Hermann achtete aber nicht auf die Blicke, die ihm Paul von der Seite zuwarf. Er sah geradeaus und horchte nach vorne und hinten. »Jetzt fängt also der Krieg erst an.« – »Das muß bis zum Winter geschafft sein.« – »Das ist ja keine Armee, was die da haben.« – »Das wird in ein paar Wochen geschafft – sonst . . .« Paul wunderte sich gar nicht, daß plötzlich, kurz nach der Wiesbadener Straße, Franz neben Hermann fuhr. Er wunderte sich nicht an diesem Morgen, daß Hermann den Franz anredete, als sei keine Trennung zwischen den beiden gewesen und nie eine Spur von Feindschaft. »Glaubst du, daß sie heute dieselbe Stückzahl erreichen?« Franz erwiderte: »Nein.«

Franz hatte vor dem Abradeln nur minutenlang Zeit gehabt: für die Nachricht und für den Abschied. Die Frau aus dem ersten Stock hatte noch in der Nachtjacke in seiner Küche gestanden. Sie schlüpfte hinaus, als er eintrat. Die Lotte war weiß wie die Wand. Was war ihr denn widerfahren? Sie hatte vergessen, über das kranke, entstellte Auge ein wenig Haar zu zupfen. Er griff sie am Arm; sie sah ihn mit ihrem einen gesunden Auge an; sie sagte: »Wir haben Krieg mit den Russen.« Sie wandte sich ab. Beide gingen ein paarmal in dem engen Raum auf und ab, aneinander vorbei, wie in einem Käfig. Die Frau drückte mit einer sonderbaren Bewegung ihr ganzes Gesicht, besonders ihr Auge, gegen das kleine Bild, das mit vier Reißnägeln an die Wand geschlagen war, die Photographie eines jungen Burschen, der lustig und stark und vertrauenerweckend aussah; er war im Sommer 1933 erschlagen worden. Franz begriff, daß die Frau, wenn sie allein war, oft eine solche Bewegung machte, und daß der Mensch die erste, die einzige Liebe für

sie geblieben war. Die letzte Nachricht brannte aber zu stark, als daß ihn das andere jetzt schmerzen konnte.
Er hatte nur zu ihr gesagt: »Lotte, komm mal, ich muß jetzt gehn.« Er hatte hinzugefügt: »Man muß zu allem bereit sein; das kann jetzt immer das Fortgehn für immer sein.«
Das war vor zehn Minuten gewesen – so lange dauerte seine Fahrt bergab. Er fuhr jetzt links neben dem Hermann, rechts fuhr das Zwetschgenkernchen.
Der alte Bentsch fuhr gerade vor ihnen zwischen den Brüdern Fritz und Ernst Enders. Paul wurde bei einer Stockung zur Seite gedrückt, so daß ein gewisser Abst zwischen ihm und Hermann zu fahren kam. Franz stand einen Augenblick auf einem Bein. Er drehte an einer Schraube, das andere Bein über dem Rad. Hermann half ihm mit ein paar Griffen. Er redete dabei in ihn ein. Soweit es das Zwetschgenkernchen schräg hinten wahrnahm, begriff ihn Franz, denn er nickte. Beim Weiterfahren waren die Reihen verschoben, Hermann fuhr jetzt zwischen den Brüdern Enders. Paul hatte in der vergangenen Zeit nicht das geringste mit Franz gemein gehabt. Denn Franz hatte nichts mit dem Hermann gemein gehabt. Paul hing an Hermann, wie es bei Menschen vorkommt, die schließlich doch noch einmal unerwartet Freundschaft erleben. Er hatte knabenhaft Hermanns Gefühle und Gedanken aufgespürt, als könnte er dabei auf Schliche kommen, durch die der andere sein Leben stärker durchlebte. Sein eigenes war bis in den Krieg hinein einförmig verlaufen, in einem dumpfen Mißbehagen. Wenn sich jemand die Mühe gemacht hätte, ihn genau zu beobachten – doch so einen gab es nicht –, wäre er über das Maß von Bitterkeit erstaunt gewesen, das Pauls Herz aufbrachte, das ausgetrocknet und keiner Gefühle fähig schien. Auf einmal war Hermann in seinen Weg gekommen; der hatte sich die Mühe ge-

macht, der war auch nicht erstaunt.
Paul merkte, daß Franz mit ihm sprechen wollte. Er verschob sein Rad. »Halt dir den Abst warm«, sagte Franz, »sobald du siehst, ich spreche mit Hermann, rück gleich neben mich, und dann gib weiter, was ich dir sage.« Paul wunderte sich nicht, daß Franz das Schweigen und Meiden von ein paar Jahren übersprang. Er hielt sich an Abst. Franz rückte zwischen Hermann und Fritz Enders. »Hermann«, sagte Franz, »mach schnell, was soll ich tun?« – »Dein Maul halten und ...«, er sagte behutsam vor sich hin: »Kürzt den Schlagstift, daß er nicht bis ans Zündhütchen rankommt.« Hermann wandte sich dann rasch an den Ernst Enders. Er lachte. Er sagte etwas, was den Ernst gleichfalls zum Lachen brachte. Dann sah er gespannt geradeaus, nur die Zähne lachten ihm weiter. Er dachte: Wenn ich jetzt den Kreß noch was fragen könnte, noch ein paar Sachen, die man schnell durchgehen kann, ehe wir den Tunnel passieren, dahinter ist's schon zu spät. Er rief noch mal was lachend gegen Enders. Als der sich vor Lachen schüttelte, sagte er, unhörbar für die anderen, den Blick geradeaus gerichtet, was nur für Franz bestimmt war: »Dem Bentsch gib mit für die Gießerei: er muß einen schwachen Punkt in die Kapsel machen, dann zersplittert sie nicht, dann springt sie nur in zwei Teile.« Fritz Enders sagte laut zu seinem Bruder Ernst: »Wenn du glaubst, er könnte noch einmal alles, was ihm einfällt, mit uns machen...« Ernst hörte zu lachen auf; er sagte: »Da irrt er sich ganz gewaltig.« Franz warf einen Blick auf Hermann. Sie deuteten sich die eben gehörten Worte. Nur, sie erfuhren nie genau, von wem die Brüder gesprochen hatten. Sie mußten jetzt auf den Feldweg abbiegen.
Paul strampelte an den Franz heran. – »Der kleine Abst läßt nicht locker. Was man machen muß. Sofort. Heute morgen.« – »Die Feder vom Schlagstift verbrennen lassen. Ganz langsam abkühlen. Dann kommt

keine Kraft in die Feder. Das soll er dem Doerr und dem Moser und seinem Bruder durchsagen, keinem anderen.«

Franz wandte sich an seinen Hintermann; er verzog den Mund zu einer Art Lächeln. Das sah an ihm seltsam aus, weil sein Gesicht gewöhnlich trübe und nachdenklich war.

Als sie in das Feld abzweigten, kam Bentsch dicht an Hermann. »Man kann eine ganze Menge machen.« – »Was meinst du?« Ihre Blicke stießen durch den Blick des anderen bis zum Herzen vor. »Einen Fehler im Zeitmechanismus«, sagte Bentsch, der auch sonst schwer verständlich war und die Lippen überhaupt nur bewegte, wenn er durchaus mußte. »Das Rohr an einer Stelle durchbohren, damit die Zündflamme schneller ans Pulver kommt.« Hermann nickte. Er war sich zwar in der letzten Zeit nicht mehr ganz klar über Bentsch gewesen. Er hatte ihn aber auch nicht aufgegeben. Er hatte ihn beobachtet und gewartet. Er sah ihn kurz an. Eins sah die Lichtpünktchen in den Augen des anderen, den Schein in der Höhle, durch die sie all die Jahre getappt waren, in Mißtrauen und Vereinsamung.

Die meisten fuhren auf der Hauptstraße weiter nach Griesheim. Ein kleineres Rudel schob die Räder durchs Feld gegen seine Abteilung, die ein Ausläufer der Werke von Griesheim war. Die neue Siedlung, ein Saum aus rosafarbigen Würfeln, lag mit einer runden Sonnenscheibe weit hinter den Kartoffeläckern. Alles war bereits leicht vernebelt. Die Leute kamen aus ihrer Siedlung, die Raine entlang und auf schmalen Feldwegen. Sie wußten alle schon mehr. Schon war ein Fluß überquert; drei Dörfer waren genommen. Einzelheiten sollten dann nicht mehr bekanntgemacht werden, um nicht den Vormarsch zu stören. Manche sagten: »Ob das wirklich stimmt?« Andere sagten: »Man läßt sie vielleicht nur herein, man klappt hinter ihnen zu.« Sie sagten nicht: »hinter uns«, sie sagten:

73

»hinter ihnen«. Sie sagten auch: »Das muß bis zum Winter fertig sein – und dann? Wenn es bis zum Winter fertig ist, fängt wieder was Neues an.« – »Also dann war der Pakt für die Katz – man hat gestern noch über den Pakt geschrieben, als sei er so echt wie Gold.« – »Warum war auch das noch nötig?« – »Das hat einmal kommen müssen.«

Es gab einen Rest von Erinnerung, in viele Fragen verkappt, den acht Jahre nicht heraus hatten brennen, nicht heraus hatten trommeln können: Es gäbe dort hinten im Osten ein unversehrbares Land, verschieden von allen Ländern der Erde.

Franz kam noch einmal in die Nähe von Hermann. Er brachte noch ein paar Worte an: »Bei Kreß ist die letzte Kontrolle. Wie wird er sich aufführen? Man weiß nichts mehr über ihn.« – »Selbst wenn er was merkt, vorausgesetzt, daß er was merken will, ich glaube aber nicht, daß er's will, doch selbst wenn er meldet, kann niemand beweisen, daß das mehr war als Schlamperei. Sag durch: Jedes fünfzehnte Stück, nicht öfter. Sprich nicht mehr mit mir.«

Franz kam aber noch einmal an Hermann heran, bevor sie durch die Torfahrt rückten. »Wie ziehst du dich selbst heraus?« – »Um mich mach dir keine Sorgen. Ich kann zunächst mal einen Fehler finden; ich kann einen anraunzen; ich kann die andern passieren lassen.«

Franz schob sein Rad vor Hermann durch die Kontrolle. Paul war schon vorbei. Die erste Kontrolle besetzte den Eingang in der Mauer, die das Werk vor der Ebene deckte. Die Mauer überragte die gegenüberliegende Wand, die von der Fabrik gebildet wurde. Der Hohlweg zwischen der künstlichen Mauer und der Fabrikwand hieß Tunnel, obwohl er kein anderes Dach hatte als den freien Himmel. Hermann wartete Sievert ab. Gerade der erschien ihm der beste Begleiter für den Rest des Weges. Sievert tauschte einen Blick mit dem Kontrollposten, der ihm seine

Marke gab und ihn, gerade weil er ihn als Parteivertrauensmann und Aufpasser kannte, zum Schein genau erledigte. Sievert pfiff ganz vergnügt vor sich hin, obwohl es den anderen, einmal zwischen den Mauern, beklommen wurde.
Der freie Himmel war zwar noch über ihnen. Die Junisonne drang aber nicht mehr durch die Decke aus Nebel. Es fielen auch keine Schlagschatten mehr. Das Rattern der Maschinen klang in dem Tunnel stärker als draußen, sogar noch stärker als in der Fabrik. Der Rest des Weges, in Rauch und Geknatter, war wie die Ablösung auf einem belagerten Fort. Die eigenen Stimmen klangen fremd in dem Hohlweg zwischen der ersten Kontrolle in der Mauer und der zweiten Kontrolle im Fabrikeingang. Auf dem Feld hatten Laut und Leise ein großes Gesumme ausgemacht, das Leise hatte soviel Gewicht gehabt wie das Laute. Hier, zwischen den Mauern, klang nur durch, was dreist war: »Werden wir bald schaffen.« – »Unser Führer wird es ihnen schon zeigen.« – »Die haben erst kürzlich selbst ihre Generäle abgemurkst.«
Manche dachten: Ob das wieder so geschwind geht wie immer – wenn ja, dann kriegen wir Hitler nie los. – Manche dachten: Hat das Zweck, gleich hier etwas dagegen zu tun? – Und wenn die andern nicht mittun? – Und wenn ich da ganz allein bin? – Wird man dann nicht sofort merken, daß ich's war? – Wie viele machen denn sicher mit? Es gab drei in der Belegschaft, die dachten: Ich will lieber heute und hier verrecken, als gegen dieses Land auch nur einen Finger rühren. Die drei waren Hermann, Franz und Paul, das Zwetschgenkernchen.
Hermann stieß noch mal im Umkleideraum auf den Bentsch. Er hätte ihm gern seine Anweisung wiederholt, aber Bentsch mied jetzt seinen Blick. Die Wände schwitzten in schwarzen Buchstaben Aufrufe und Befehle. Die Lautsprecher schmetterten eine Rede aus dem Betrieb oder aus dem Reich; die Geisterstimme,

75

die jedem zum Arbeitsplatz folgte, körperlos, aber zäh: Ihr deutschen Arbeiter, Volksgenossen ... was heute eure Hände verläßt ... Ihr verteidigt von heute ab nicht nur Deutschland, ihr verteidigt Europa ...
Wie viele Antworten es auch draußen gegeben hatte, hier drinnen gab es nur zwei: »Heil!« oder Schweigen. Hermann suchte Abst mit den Augen, bevor sie in ihre Abteilungen gingen. Hermann in die zweite Montagehalle und Abst in die Gießerei. Absts Stirn war in dünne Rillen gekräuselt, als hätte ein Wind darübergefegt. Er war grünlich. – Ich bin es ja auch in diesem Licht, dachte Hermann. Paul ging an ihm vorbei in die Gießerei. Seine Stirn war glatt. Hermann fiel es erst heute auf, daß Pauls Stirn sogar das einzige Stück in seinem Gesicht war, das nicht verschrumpelt war. Er war zwar auch in dem Lampenlicht grünbleich, aber grün oder rosa, Paul sah immer aus wie das Zwetschgenkernchen. Es gab überhaupt kein Licht, das ihn hätte verändern können.
Franz zögerte an der Tür, bis Hermann an ihm vorbeikam. Er sagte: »Spengler kommt wieder zum Verladen in den Kontrollraum zu Kreß, er gibt uns dann durch, wie sich Kreß verhält.«
Fritz Enders löste in der Montagehalle seinen Vorgänger ab. Er überprüfte nach seinem Musterschein das Material aus den Kisten, die aus den Werkstätten anfuhren. Jeder in der Abteilung wußte, daß er der Schwager und Freund von Sievert war; und diese Verwandtschaft ließ keinen Zweifel übrig, was man von ihm zu erwarten hatte. Wie wichtig und lustig er auch auf der Straße war, sobald er einmal hier drinnen stand, gab es nichts mehr zum Lachen. Er war hinter jedem Stück her, mehr, als es die bloße Kontrolle verlangt hätte. Es war unmöglich, daß ihm etwas entging. Er sah die Stichproben nicht nur als Beweise für Geschicklichkeit oder Nachlässigkeit an, sondern auch für Gesinnung der Arbeiter. Er schickte die Kisten nach den vorgeschriebenen Stichproben zu

den Montagetischen. Dort wurden die einzelnen Bestandteile zu den zwei Hauptteilen der Handgranaten zusammengesetzt.
Hermann prüfte in der zweiten Montagehalle die Granaten, die schon zusammengesetzt und geladen waren. Wenn er seine Kreidezeichen auf die Kisten gesetzt hatte, rollten sie zu den letzten Montagetischen. Dort wurden die Kapseln aufgeschraubt. Die Presse drückte den Stempel auf jedes fertige Stück.
Er stutzte. Er dachte: Hier ist der Schlagstift zu kurz. Das kann aber jetzt nur ein Zufall sein. Das ist nur der Rest von der Nachtschicht. Ich zieh es heraus. Dann kann ich später leichter durchgehen lassen, was von unseren Leuten kommt. Er dachte später: Ich hätte es trotzdem durchgehen lassen sollen. Er hatte das Stück ausgesondert, dessen Schlagstift zu kurz war, um das Zündhütchen zu berühren. Es würde ersetzt werden, und die Explosion kam zustande.
Er spürte, wo Franz saß, ohne zu ihm hinüberzusehen. Franz spürte ebenso stark, daß sein Freund in einem Raum mit ihm stand. Es riß ihn noch stärker zu Hermann hinüber, obwohl sein eigener Platz am äußersten Ende des Saales war, als unversehens der Lautsprecher tönte. Man hatte ihn überraschend in ihrer Halle montiert: »Volksgenossen! Wir überschreiten das Flüßchen L. Der Russe ist fünfmal so stark wie unsere Abteilung. Er kämpft sich am Ufer fest. Er ist unter allen Umständen entschlossen, seine Stellung zu halten.«
Franz warf vom äußersten Ende des Saales einen Blick zum Montagetisch hinüber. Geschosse summten und platzten durchs Radio. In die Gesichter und in die Hände kam ein Ausdruck von Bestürzung und Spannung. »Jetzt, Volksgenossen, betritt unser erster Soldat das feindliche Ufer. Er fällt ... die Unsren stoßen nach ... Der Russe wehrt sich verzweifelt ... Ihr deutschen Arbeiter in der Heimat ... Was jeder einzelne von euch in dieser Minute fertigbringt ...«

77

Ein neuer Schub fertiger Stücke rollte an. Der kam bereits von der neuen Schicht, von den eigenen Leuten. Hermann war auf Fehler aus wie auf Geld. Warum hat Abst nicht verstanden, wie man die Feder abkühlt, zu langsam, damit sie die Schnellkraft verliert? Doch einer wie Bentsch, der mußte alles verstanden haben. Der hat es unterwegs selbst erklärt. Der hat es sogar selbst vorgeschlagen. Der hat schon im letzten Weltkrieg dasselbe getrieben. Der war schon 1917 beim Munitionsarbeiterstreik dabei. Die Aufgabe war dieselbe geblieben. Das hatte ja Bentsch vorhin auch verstanden. Er hatte es ja sogar noch zwischen Landstraße und Tunnel verstanden. War seitdem etwas Besonderes geschehen? Ist jetzt die Pflicht eine andere Pflicht? Die Furcht eine andere Furcht? Der Tod ein anderer Tod? Das Leben schwerer zu verlieren? Vielleicht, dachte Hermann, die Hände liefen ihm auf anderen Gleisen als seine Gedanken, wenn man weniger fest an das glaubt, wofür man lebt. Man merkt es vielleicht selbst noch gar nicht, daß der Glaube nachläßt. Man merkt es erst an der größten Furcht. – Warum bin ich noch auf keinen einzigen Fehler gestoßen? Wo stecken die drei, Bohland, Doerr und der lange Abst? Der kleine Abst war ihrer sicher gewesen. Die Stücke kamen aber aus ihrer Abteilung. Ich kann nichts finden, sie sind in Ordnung. Abst war gerade dieser drei sicher. Er hat vielleicht selbst seine Sicherheit verloren, und mit ihm die drei, deren er sicher war.

Franz konnte von seinem Platz aus nicht die Enttäuschung auf Hermanns Gesicht erkennen. Er fühlte nur selbst seinen ersten mächtigen Schwung abflauen. Er wurde sich jetzt erst klar, wie allein er war. Die äußere Welt ging ruhig weiter. Nur er war durch ein paar Handgriffe ausgeschieden aus dem gewöhnlichen, von den übrigen Menschen ertragenen Leben. Er hatte den Schlagstift eine Spur kürzer gemacht, damit er nicht auf das Zündhütchen stoßen konnte.

Die winzige Kürzung entfernte ihn unermeßlich weit von allen übrigen Menschen.
Hermann hatte seine Enttäuschung hinter sich. Was er jetzt in die Finger bekam, war ohne Zweifel ein Gruß von Paul. Paul stand durch zwei Wände getrennt in einer anderen Abteilung. Sein altes Kindergesicht war zerknittert bis auf die Stirn. Er hatte gar keine Zeit, sich vorzustellen, wie seine Handgranate sich schon entzündet, bevor sie ankommt. Er fühlte sich nur im Innern frisch und verjüngt, wenn er mit verkniffenem Mund den Bohrer schief ansetzte. Sein ausgedörrtes Herz wurde ihm dabei warm wie in alten Zeiten.
Es wurde Mittag. Der Sonnenstaub kam in Strähnen durch das Oberlicht. Die Falten und Runzeln in den Gesichtern waren längst eingestaubt.
Die Lautsprecher schrien zur Mittagspause: »Der Staat, der sich frech sozialistisch nennt, hat sich mit den Geldsäcken und Bankjuden verbündet. Er ist seit heute nacht das wichtigste Glied in der kapitalistischen Einkreisung unseres Vaterlandes. Die Auseinandersetzung war unvermeidlich. Der Führer hat sie so lange vermieden, wie es für unsere Ehre und unsere Zukunft überhaupt tragbar war. Die große Stunde ist endlich da. Von jetzt ab ist jede Fabrik eine Waffenschmiede des deutschen Volkes. Sie muß unaufhörlich glühen.« – Sievert sah scharf von einem zum andern. Sieh mich nur an, dachte Hermann, stell fest, ob ich wirklich immer noch der bin, der ich auf deiner Liste bin. Ein ehemaliger Roter, aber rechtzeitig umgeschwenkt. Eines Besseren belehrt. Wir beide, Sievert, wir wissen, was dieser Tag bedeutet. Die letzte, die große Prüfung. Der älteste aus Hermanns Abteilung, Straub, er wurde Großpapa genannt, knurrte: »Da soll sich eins auskennen.«
Nach ihrer Mittagspause, beim Rückweg in die Abteilung, bedrohten frische Plakate auf allen Mauern jede Fahrlässigkeit mit hoher Strafe; denn jedes Versehen bedrohe das Leben von deutschen Soldaten. Ein jedes

Wort Zweifel sei wie Zersetzung der Wehrmacht zu strafen. Es hieß, ein Mann namens Betz sei verhaftet worden. Er hätte sich eine unstatthafte Bemerkung entschlüpfen lassen. Er sei schon im Lager Osthofen.
Hermann konnte sich ebensowenig wie Franz, ebensowenig wie irgendein Mensch, lange auf dem höchsten Punkt der Erregung halten. Als er wieder auf seinem Arbeitsplatz stand, war sein Herz soviel kälter, als es vorher heißer gewesen war. Er glitt herunter in das gewöhnliche Leben; jetzt war es sogar noch gewöhnlicher. Die Hände liefen wie immer, die alten Gesichter waren so stumpf und müde wie immer. Er sah hinüber zu Franz. Obwohl er ihm sonst überlegen war, schöpfte er Mut aus dem ruhigen, vertrauten Gesicht. Franz sah so gutmütig aus wie immer, und wie immer ein wenig träge.
Franz war aber jetzt darauf gefaßt, daß sich eine Hand auf ihn legen konnte, um ihn abzuführen. Die fertigen Stücke waren vermutlich inzwischen bei Kreß angelangt. Der Ingenieur konnte bei der Kontrolle auf Fehler stoßen; er konnte stutzig werden, wenn er zweimal auf denselben Fehler stieß. Man würde die Serie untersuchen. Wenn sich herausstellt, daß die Feder bei ein paar Stück den Widerstand des Scharniers nicht überwand, dann konnte es sich nicht ein paarmal um eine unabsichtliche Fehlleistung handeln. Man konnte auch vorsichtshalber die ganze Serie herausziehen. Doch Hermann, der Kreß zu kennen glaubte, traute ihm keine Meldung zu. Kreß hatte sich in den letzten Jahren vollständig zurückgezogen. Es war aber sicher für einen Mann wie Kreß viel leichter, die Handlung eines anderen zu übersehen als sich selbst auf eine Handlung einzulassen.
Ein gewisser Schulze trat ein; er winkte Sievert. Franz dachte: Jetzt ist es soweit. Und wird jetzt etwas ins Stocken kommen? Und wenn man ihn abführt, werden die Hände des Nebenmannes genau wie bisher weitergehen?

Sievert arbeitete am Ende der Halle am Durchgang zur Prüfstation. Er hatte zwar seine vorgeschriebene Arbeit wie jeder andere. Die scharfe Aufmerksamkeit bei den Handgriffen war bei ihm mit einer anderen Art noch schärferer Aufmerksamkeit vermischt. Franz sah so träge und ruhig wie immer aus, als Sievert rasch zu Schulze hinüberging. Er dachte: Da hat sich Hermann also leider geirrt. Kreß hat eben doch gemeldet. Franz überflog sein Leben in der Minute, die Schulze und Sievert brauchten, um zu dem Monteur hinüberzugehen. Sie waren beinahe dort angelangt, als Franz in seinen Gedanken bei seiner Frau angelangt war. Er sah das starre Auge der Lotte beim Abschied am Morgen. Sie hatte vergessen, ihr Haar darüberzuziehen. Er sah auch sein kleines Stiefkind, die Anni, das er wie sein eigenes geliebt hatte. Er dachte: Sie, Lotte, hat jetzt zum zweitenmal Pech in der Liebe, zwar heute wird es ihr nicht so weh tun wie damals. Ich war ihre große Liebe gar nicht. – Schulze legte Hermann die Hand auf die Schulter. Sievert sagte etwas und lachte. Dann ging er wieder auf seinen Arbeitsplatz, und Schulze ging aus dem Saal hinaus. Falls Hermann erbleicht war, war's unter dem Staub verdeckt. Man konnte seinem Gesicht nichts ansehen als wache Aufmerksamkeit.

Hermann konnte sich nicht mehr verhehlen, daß seine Anweisungen kaum befolgt worden waren. Er beschloß, von sich aus nachzuhelfen. Er schlug in gewissen Abständen mit seinem Hammer auf die Scharniere, damit der Zeitmechanismus nicht mehr kräftig genug war, die Explosion zu bewirken.

Franz hatte sich vorgenommen, durch keinen Zufall mehr aus der Ruhe zu kommen. Er war jetzt überzeugt, daß Hermann den Kreß doch richtig eingeschätzt hatte. Dabei war es jetzt gerade Hermann, der seiner Sache nicht mehr ganz sicher war. Da kaum einer mitgemacht hatte, war es zwar möglich, daß Kreß bei den Stichproben nicht an die Fehler geriet, doch wenn er dann einen erwischte und meldete, dann war es auch leichter möglich, die Sabotage festzustellen. Dann konnte man sie beim Verlassen des Betriebes verhaften, um kein Aufsehen in der Fabrik zu machen, falls Kreß überhaupt etwas melden würde. Er brauchte ja für sich selbst nichts zu befürchten. Wer sollte schließlich dem Kreß etwas nachweisen, wenn einmal die Kisten die Prüfungsstation verlassen hatten? Doch immerhin, Kreß, der den Betrieb bis ins kleinste kannte, könnte sich vielleicht vorstellen, daß und wie man ihm etwas nachwies. Gerade darum hatte ein Mensch wie Kreß wahrscheinlich noch mehr Angst als die anderen. Die anderen hatten ja auch versagt, und Kreß hatte mindestens soviel Angst vor dem Tod wie die anderen. Er hätte sein Weib und Kind so gern wie die übrigen Menschen wiedergesehen.

Ich werde euch beide heute abend wiedersehen, dachte Kreß. Ihr werdet mich wiedersehen und werdet nicht merken, daß der, den ihr heute begrüßt, ein anderer ist als der, den ihr gestern begrüßt habt. Die Kleine wird mich so zärtlich empfangen, wie ich es mir von ihrer Mutter wünschte. Mit kleinen Küssen auf Ohren und Nasenspitze. Sind Ohren und Nase von einer Maske, die aufgestülpt ist auf das Gesicht von gestern? Oder war gestern die Maske aufgestülpt auf das Gesicht von heute? Die Frau wird unsere Begrüßung gelassen ansehen, wird Tee eingießen und allerlei Sachen erzählen und immer weiter dasselbe denken, was sie mir auch schon erbittert ins Gesicht gesagt hat: Du hast einmal die ganze Welt ändern wollen, und darum hab ich dich liebgehabt; sie hat aber dich geändert. Sie wird mir vergnüglich und höflich das Essen richten, verächtlich und geduldig. Ich werde es dabei lassen müssen. Ich werde ihr nicht erklären können, warum sie gerade heute mit mir zufrieden sein kann.

Er war von Anfang an darauf gefaßt gewesen, daß heute nicht alles glattgehen konnte. Er hatte sogar bisweilen flüchtig an Hermann gedacht. Ein solcher Mensch hat sich gewiß bisweilen geregt. Wenn er bis jetzt nichts fertiggebracht hat, dann muß er es heute. Es gibt ja wohl unter diesem Dach noch ein paar Hermanns mehr. – Doch eine Stichprobe nach der anderen verlief ohne Zwischenfall. Nachdem er mit seinen Meßinstrumenten durch war, schickte er nach der Vorschrift Handgranaten aus jeder Sendung aufs Probefeld. Er war nicht erstaunt, als auch von dort keine Meldung kam.
Spengler, der beim Auf- und Abladen der Kisten half, die zu der letzten Kontrolle und von dort zur Verpackung rollten, ließ Kreß, obwohl er genau bei der Sache war, nicht aus den Augen. Er konnte aber nichts anderes feststellen, als daß sich die Mundwinkel in dem Gesicht des Ingenieurs immer deutlicher krümmten. Da, um die Mittagszeit, kurz nach der Pause, kam etwas anderes in das Gesicht als sonst. Er wurde sich darüber klar, worin die Veränderung bestand: es war nichts in dem Gesicht dazugekommen, es war etwas weggekommen. Der Mund war eine Sekunde lang nicht gekrümmt gewesen von Spott oder von Verachtung oder was sonst dem Gesicht den Ausschlag gab. Ein paar Sekunden lang nicht – solange Kreß brauchte, um mit seiner Mikrometerschraube ein paar Teile an dem Stück auszumessen, das ihm bei der Prüfung unter die Finger kam. Die Veränderung war auch schon vorbei, als Spengler zum zweitenmal zu ihm hinübersah. Er hatte nur eine Ahnung bekommen, wie Kreß' Gesicht auch hätte aussehen können, wenn – wenn, dachte Spengler, nicht nur auf Sekunden, sondern für immer das darin bleiben könnte, was sich in dem Gesicht gespiegelt hatte. Kreß legte darauf nicht das Stück zum Ausschuß, sondern zu der übrigen in Ordnung befundenen Sendung. Spengler atmete auf. Er machte also

mit, er meldet nichts. – Kreß hatte längst dem Gehilfen ein Zeichen gegeben, das nächste Stück auf den Meßtisch zu schieben. Er hatte wieder den Mund vor Spott oder vor Ermüdung gekrümmt. Er hatte zwei Gesichter übereinander, von denen eins dem andern täuschend ähnlich nachgemacht war, obwohl nur eins von den beiden echt sein konnte. Er gab am wenigsten auf den Verlader acht, der heute, wie immer, ein paar Meter von ihm entfernt auf demselben Fleck stand.
Spengler machte sich nachmittags im Umkleideraum an Hermann heran: »Kreß ist dahintergekommen, er hält aber dicht, sei ruhig.«
Hermann konnte jetzt weder Franz noch Paul beruhigen; die beiden mußten eben noch eine Zeitlang Angst ausstehen, beim Ausgang unauffällig gestellt zu werden. Er merkte an seiner eigenen Erleichterung, wie glücklich er war, in zwei Stunden alles wiederzusehen. Den Landungssteg und die Weidenknorzen, die Frau in der Tür und den kleinen Jungen, der sich wie ein Hund an seinen Beinen rieb. Er merkte auch, daß er sich kein bißchen weniger als die anderen gefürchtet hatte, eher ein bißchen mehr. Er hing noch mehr als die andern am Leben, darum tat es ihm noch weher, es aufzugeben.
Sie wurden alle noch einmal vor dem Heimweg zu einer Ansprache befohlen. Obwohl die Stimme der Direktion aus einer gewöhnlichen Kehle kam, war sie durch den Lautsprecher entmenschlicht. Sie bohrte noch einmal in die Gehirne, was der Vertrag zwischen Rußland und England und den Vereinigten Staaten bedeutete. Kein Wunder, daß sich der schnöde und kalte Geschäftsgeist, die nur auf Erwerb bedachte Gesinnung des Briten, mit dem Haß gegen Gott und Glauben verträgt. Jetzt ist es an uns, das Christentum für Europa zu retten, wenn sich die Engländer nicht scheuen, sich mit dem Antichrist zu vereinigen, damit ihr Geschäft blüht. Was haben für diese Russen Verträge und Pakte bedeutet? Papier,

das man zerreißen kann, wenn man will. Wenn wir heute nicht zugeschlagen hätten, dann wäre Rußland morgen über uns hergefallen. – Hermann hörte dicht hinter sich ein schwaches Knurren. Das war sicher wieder der alte Straub. – Sie haben sich lange eingebildet, sie könnten uns hinters Licht führen, wir wären so gutmütige, einfältige Leute, daß man vergnügt hinter unserem Rücken aufrüsten könnte. Um uns wie der Blitz aus heiterem Himmel zu überfallen. Sie haben die Rechnung ohne den Wirt gemacht. Unser Führer hat sich so lange wie möglich geduldet. Er hat unserem schmerzgeprüften Volk die Schrecken dieses Krieges ersparen wollen. Doch wie er gesehen hat, daß der Feind auf unsere Dummheit baut, daß er von einer Stunde auf die andere zuhauen wird, da ist er der Überraschung zuvorgekommen.
Hermann entdeckte den Bentsch schräg vor sich. Der zog gerade sein Maul zusammen, das noch vom »Heil« aufgesperrt war; er sah jetzt bestürzt aus über den Schrei, wie ein verzauberter Mensch über den Tierlaut staunt, der aus seiner Kehle bricht. Hermann sah auch den Kreß auf einem der Vorzugsplätze vorne im Saal. Sein Gesicht war bis zur Nasenspitze eingefroren in Hochmut und in Gleichgültigkeit. Es gab keinen Widerschein auf dieser Kruste von irgendeiner äußeren Welt, auch keine Ritze, die jemand erlaubte, nach innen hineinzuspähen.

Hermann ging als erster durch die Kontrolle, wie auf dem Herweg in Begleitung von Sievert. Er sah sich nach niemand um, er vermied eine Begegnung. Er radelte los, so schnell wie möglich, um nicht in den Hauptstrom zu kommen und bald daheim zu sein. Die Ebene schien sich ins Unendliche auszudehnen, sobald er dem dicken Nebel entronnen war. Es gab viel mehr Posten als sonst. Sonst war alles unverändert. Noch deutlicher, dachte Hermann, wie man nach langer Abwesenheit von einer weiten Reise zurückkehrt. Die Türme und Giebel der gegenüberliegenden Stadt waren so klar und scharf wie für ewig oder in Träumen. Die Weidenstümpfe am Damm, das Schilf, der Wassergeruch, das war wie immer. Er selbst war viel leichter aus allem wegzudenken, viel leichter zu vermissen. Der Nachmittag war noch hell und warm, als er ins Dorf radelte. Doch hier, stromaufwärts, auf der östlichen Seite der Rheinbrücke, fingen die Dörfer und Äcker, die Kirchturmspitzen und Halme schon unmerklich zu verflimmern an. Der erste Tag ging zu Ende. Die Zeit ging weiter, von der man geglaubt hatte, daß sie das Ende der Zeiten sei. Man wußte schon, daß auf den jüngsten Tag ein neuer folgte, der weniger jung und weniger außerordentlich war.

II

Hermann lag auf seinem Bett. Er hatte sich für den freien Morgen allerlei vorgenommen, doch wie er rechtzeitig aufstehen wollte, verlangte jeder Muskel und jeder Nerv nach Liegenbleiben.
Er galt im Betrieb als unersetzlich und unentbehrlich. Ein großer Teil der Belegschaft bestand aus Ausländern und Kriegsgefangenen, seitdem man beschlossen hatte, sie zu verwerten. Es gab in seiner Abteilung durch seine Klugheit wenig Reibungen. Obwohl er auffällige Annäherungen vermied, bestand zwischen ihm und der Belegschaft von vornherein eine unausgesprochene Übereinkunft.
Der alte Bentsch hatte einmal zu Hermann gesagt, nachdem sie sich lange gemieden hatten: »Da siehst du ja selbst jetzt ein, es hat keinen Zweck, etwas dagegen zu tun. Die Gefangenen tun ja selbst nichts dagegen. Die drehen ja selbst Granaten gegen ihr eigenes Land.« Er redete um so eifriger fort, je beharrlicher Hermann schwieg. »Denn wenn ein paar etwas tun,

dann legt man sie um und stellt ein paar Neue an ihre Stelle. Wir sind zu wenige. Keiner macht nach, keiner macht mit, darum ist es sinnlos. Und ihr? Ihr habt ja auch etwas vorgehabt. Habt ihr denn damals etwas getan?«

Das Zwetschgenkernchen stand längst in einer anderen Abteilung, in der die Fremden von alten, zuverlässigen Arbeitern durchsetzt waren. Franz war längst eingezogen. Er war so plötzlich aus dem Gesichtskreis gerückt, so übergangslos verschwunden, daß Hermann an der Stelle in seinem Herzen, wo sonst der Schmerz entsteht, unsägliche Leere fühlte. Er fühlte dieselbe Leere jedesmal auf der Fahrt, wenn die Schmiedheimer Straße an die Hauptstraße stieß, ohne wie sonst den Franz abzugeben.

Er hörte jetzt schläfrig auf das Stimmchen der Frau, das gleichmütig tönte, wie eine Biene oder wie eine Grille. Er hörte das Kind mit etwas klappern, die Frau unterbrach sich und schimpfte und sang, nicht noch mal von vorn, sondern genau auf dem Ton, auf dem sie aufgehört hatte, um auf das Kind zu schimpfen. Das machte Hermann von neuem schläfrig. Er dachte sonst dasselbe beim Aufwachen und beim Einschlafen. Er dachte: Was tun? Das Alte, an das man anknüpfen will, ist nicht mehr da; ist brüchig und abgetrieben, und wenn es doch noch mal hier und da auftaucht und man es festhalten will, dann ist es gleich wieder weggespült oder untergegangen. Was in einem selbst so stark geblieben war wie am ersten Tag, das war bei den anderen nur noch eine Erinnerung. Man durfte nicht an sich selbst messen. Man mußte bei jedem von neuem beginnen. Wie die, die in alten Zeiten einmal den ersten Zweifel in den Menschen angefacht hatten. Wie hatten sie diesen Zweifel angefacht? An was zuerst? In wem? – Die Gedanken ließen ihn nur in Ruhe, wenn die Frau hinter der Tür sang, mit ihrem schwermütig-heitern Stimmchen wie eine Grille oder wie eine Biene. Er geriet dann in

Wiesen und Wolken hinein, in Klee und in Mühlenräder.
Die Frau hörte wieder zu singen auf. Sie schalt den Jungen, diesmal, weil er nicht schnell genug den Riegel zurückschob. Ein Gast war gekommen. Darauf hörte Hermann seine Frau einer andern Frauenstimme erwidern, die ihn an etwas erinnerte. Marie kam leise herein, um ihn nicht zu wecken, falls er noch schlief. Sie sagte, weil seine Augen offen waren: »Die Frau kommt wieder, die schon einmal hier war. Sie kommt von den Leuten, die uns das Wassergrundstück abtraten. Sie will etwas von dir zurück. Ich glaube, die Schraube von ihrem Gartenschlauch, die noch in der Laube liegen soll.«
Als Hermann herauskam, starrte sein kleiner Junge das Kind an, das mit der Fremden gekommen war. Sein Blick blieb gleichfalls an dem fremden Kind hängen. Es war etwas an seinen Augen, die ruhig und klar in die seinen glänzten, an seiner runden Stirn, sogar an der Haltung seines bezopften Kopfes, was ihn mehr an die Frau erinnerte, wie sie vor zehn Jahren gewesen war, als die vor ihm Stehende selbst. Die Frau schaute spöttisch drein. Sie hatte über die eine Hälfte ihres Gesichts eine kunstvolle Locke gedreht, um ihr verschandeltes Auge zu verstecken. Das wußte man allerorts. Sie sagte: »Ich kann die verlorene Schraube nicht mehr kaufen. Da seien Sie mal so freundlich, bitte, und suchen Sie nochmals gründlich in Ihrem Werkzeugkasten.«
Hermann sah in ihrem gesunden Auge die Spur eines Blickes, der bitterlich war und streng. Er nickte und sagte: »Wir können mal rausgehen und suchen. Das Ding kann sich wo verkrochen haben.«
Er bog mit der Frau und den Kindern hinter das Haus in die Felder gegen das Wassergrundstück. Das kleine Mädchen lief weg und rupfte etwas. Es hockte unter dem flockigen Frühjahrshimmel, als hätte sich alles, Wolken und Buschwerk und junges, erst

schwachgrünes Land, um seine kleine Gestalt zusammengezogen. Hermann sagte: »Dein Kind wird so schön, wie du warst, Lotte. Wie waren wir damals stolz auf dich! Für uns hast du damals genauso ausgesehen, wie wir uns vorstellten, daß unsere Jugend aussehen soll.« Die Frau sagte still: »Es tröstet einen wahrhaftig, sie anzusehen.«
Sie kamen zu zweit in die Laube, die Hermann vorigen Sonntag aufs Frühjahr zu streichen begonnen hatte. Sie suchten nach keiner Schraube. Sie setzten sich auf die Bank. Hermann sagte: »Ich habe mich das ganze Jahr über nach jemand gesehnt, mit dem ich mich einmal aussprechen kann. Man hat Gedanken, die einen ersticken, wenn man immer allein ist. Obwohl ich daran gewöhnt bin.« Lotte sagte: »Ich bin aus demselben Grund gekommen.« Sie schwiegen etwas, als sei gemeinsam zu schweigen auch eine Erleichterung. Hermann fing an: »Hast du immer noch nichts von Franz gehört?« Sie kniff die Augen so stark zusammen, daß ihr krankes Auge in Fältchen verschwand. Sie dachte jetzt nicht mehr daran, ihre Locken darüberzuziehen. Sie sagte: »Nicht mehr wie du. Der Volkstrauertag wird ja wohl auch für ihn gewesen sein.« Sie scharrte mit einem Schuh im Sand, dann fuhr sie fort: »Ich bin ja wohl schon daran gewöhnt, in einem fort, was mir teuer ist, zu verlieren. Es muß wohl an jedem Herzen was Zähes dran sein, was einem immer wieder nachwächst. Denn so viel Stücke sind davon abgerissen, daß nichts davon übrig sein kann. Es ist aber was nachgewachsen, daß man von neuem verzweifelt sein kann und sich auch wieder von neuem über was freuen. Zuerst, am Anfang, haben sie mir meinen Freund totgeschlagen. Das war im Sommer dreiunddreißig. Jetzt haben sie Franz an die Ostfront geholt, der ist, weiß Gott wie, verblutet oder erfroren.«
Hermann sagte rasch: »Das kannst du nicht wissen.« Die Frau verbiß, was sie antworten wollte. Sie sah

ihn aufmerksam an. Sie spürte, daß seine Freundschaft unverbrüchlicher war als ihre, die zwischen Mann und Frau. Er fand sich nicht mit dem Unabwendbaren ab. Er ließ es nicht bei Haß und Kummer bewenden.

»Ich glaube nicht«, sagte Lotte, »daß er von den Toten am dritten Tag aufersteht.« Hermann sagte heftig: »Ich glaube noch lange nicht, daß er richtig tot ist.« – »Er hat aber dringesteckt. Die ganze Armee von Stalingrad ist futsch.« – »Ich hab den vorigen Krieg vom ersten bis zum letzten Tag mitgemacht. Ich weiß, was das heißt: ein Armeekorps verloren. Es stirbt sich so einfach nicht in Massen. Da liegen noch immer ein paar mit zerknackten Rippen, mit zerschossenen Beinen in allen möglichen Erdlöchern. Da sind ein paar rechtzeitig auf die andere Seite hinübergeglitscht. Da ist ein Haufen gefangen worden. Vorausgesetzt, daß das Ganze stimmt. Mit Heil und mit Fahnen hat man uns diesmal nicht schwindlig machen können. Da hat man es andersherum versucht; mit Halbmast und Trauermärschen.«

Das kleine Mädchen guckte in die Laube herein. Hermann sagte: »Hol dir den Jungen. Er weiß, wo es noch Weidenkätzchen zum Schneiden gibt.« Sie sahen zu, wie die Kinder über das sonnengesprenkelte Feld abzogen. »Der Vater ist ihr erschlagen worden«, sagte Lotte mit leichterer, fernerer Stimme, »der Stiefvater vermutlich auch. Was wird sie mal später aus so 'nem Leben machen, das ist, wie es ist.« – »Was Besseres. Wir haben ihr ja so ziemlich alles Falsche vorgemacht; und alle Leiden, die es zu leiden gibt.« – »Nicht alles war falsch«, sagte Lotte. Sie schwenkte ihr Haar gedankenlos zurück wie in alten Tagen. In ihrem kranken Auge blinkte dasselbe Lichtfünkchen zwischen den zerknitterten Lidern wie in dem runden gesunden. »Ja, aber zu schwach. Dadurch war's falsch.« Die Frau sagte hart: »Hast du denn etwas Besseres gemacht? Warst du denn weniger schwach?

Am ersten Tag des Krieges gegen die Sowjetunion, da wart ihr zu allem bereit. Da habt ihr etwas gemacht.« Hermann dachte: Franz hat es ihr also doch erzählt. »Dann aber, weil ihr allein geblieben seid, da seid ihr kleinlaut geworden. Franz hat dieselben Granaten gegen die Russen schmeißen müssen. Der Paul geht brav weiter in seinen Betrieb. Und du, du machst deine Sache so gut, daß sie dich als unentbehrlich reklamieren.« – »Ja«, meinte Hermann, »ich mache meine Sache so gut, daß ich im richtigen Augenblick noch da bin.« Er gebrauchte denselben Ausdruck, den er selbst immer verwünscht hatte. Die Lotte gab auch dieselbe Antwort, die er sich früher selbst in Gedanken gegeben hatte. »Wann soll denn das sein? Der richtige Augenblick war längst da.« – »Längst da, aber wir nicht. Für uns drei ja. Wir haben gemeint, wir brauchen nur anzufangen. Wir brauchen nur ein Zeichen zu geben. Wir haben gemeint, daß alles in den anderen so aussehen muß wie in uns. Das war aber falsch. Der Faden war morsch.«

Man hörte die Kinder in einem Wettlauf vom Ufer zur Laube kreischen. Das Mädchen hielt schnaufend vor seiner Mutter. Es sagte: »Die Weidenkätzchen fühlen sich an wie Küken.« – »Sie fühlen sich an wie Kätzchen«, sagte der Junge böse, »und deshalb heißen sie, wie sie heißen.«

Sie gingen alle zusammen ins Dorf, die Kinder voraus. Hermann sagte: »Wir können jetzt nicht mehr weitersprechen; wir haben gerade erst angefangen.« – »Mir hat es gutgetan«, sagte Lotte. »Es hat sich für mich der Weg gelohnt.« Hermann sagte zu seiner Frau, die vor der Tür stand: »Wir haben die ganze Laube durchsucht und doch keine Schraube gefunden.«

Marie sagte, als Lotte mit ihrer Tochter weg war: »Mir macht es Spaß, daß der alte Streit wegen der Pumpe endlich einschläft.«

Die Last von Gedanken mit jemandem teilen zu kön-

nen, nur hergehen neben jemand, der dieselbe Last trug, das schien schon ihr Gewicht zu erleichtern. Paul hatte gerade jetzt, gerade das dem Hermann voraus, worin ihm Hermann sonst überlegen war. Er war zwar froh, wenn er Hermann, der gewöhnlich Besuche vermied, auf dem Weg zu den auseinanderliegenden Werkstätten traf und dabei eine Nachricht oder nur die Erklärung einer Nachricht einheimsen konnte. Er grübelte aber nie viel nach. Er war nicht oft enttäuscht und nicht oft allzu erwartungsvoll, er wurde nicht leicht stutzig. Was ihm Hermann erklärte, das nahm er für bare Münze. Er glaubte an Hermann, und er hatte immer an ihn geglaubt. Er wußte nicht, wieviel Kopfzerbrechen es Hermann kostete, bis er selbst mit einer Erklärung zufrieden war.
Das Zwetschgenkernchen war nicht verwirrt und nicht bedrückt von dem Triumphgeheul bei allen Siegen und Vormärschen aus den Menschenkehlen und aus den metallenen Kehlen der Lautsprecher. Als diese Stimmen sanfter wurden, beschworen und trösteten, statt zu dröhnen, als die Leute unruhig auf Nachrichten aus Stalingrad warteten, war er nicht übermäßig erstaunt. Der Untergang der Armee überraschte ihn ebensowenig wie früher das Stocken im ersten Kriegswinter vor Moskau. Er hatte sich nie vorstellen können, daß Hitler nach Moskau käme. Er hatte sich immer vorgestellt, daß der Krieg noch einmal die Wendung nahm, die er vermutlich jetzt nahm. Warum? Daß die Sowjetunion besiegt werden könnte, erschien ihm genauso unmöglich wie das Herunterfallen von Sonne und Mond und Sternen. Es konnte dabei, wie es schließlich auch Sonnenfinsternisse und Sternregen gab, Rückfälle und Opfer geben; in seinem Fall den einzigen Sohn. Das Gesetz konnte doch nie gebrochen werden.
Hermann war froh, wenn er ihn wenigstens von weitem sah, ein haariges Kernchen von Zuversicht und

Vertrauen in dem Rudel Radfahrer. Er drückte an einem Nachmittag seine Schelle unter Pauls Küchenfenster, das auf den Main ging. Die letzten Tage waren wieder solche Sachen geschehen, daß man erstickte, wenn man allein blieb. Es war sogar besser, wieder einmal zu Paul zu gehen. Sievert hatte beiläufig gefragt: »Was habt denn ihr zwei plötzlich gegeneinander? Ihr wart doch früher ein Herz und eine Seele.«
Die Frau rief vergnügt beim Öffnen: »Daß Sie sich auch mal wieder hier blicken lassen!« Hermann trat ein, sah sich um und setzte sich. Das Zwetschgenkernchen knurrte etwas in seiner Ecke. Das Zimmer war spiegelrein wie je, die Scheiben und Dielen glänzten. Paul hatte die Stiefel auf einem Zeitungspapier stehen, das ihm die Frau gleich untergeschoben hatte, weil er zu faul war, die schmutzigen Schuhe auszuziehen. »Das wissen Sie ja von Ihrem Paul«, sagte Hermann, »daß man jetzt nicht mehr Zeit hat wie früher für einen Schwatz und für einen Kaffee.« – »Wie soll denn das weitergehen?« sagte die Frau. »Was glauben Sie, Hermann?« Hermann sah die Frau an. Auf ihrem Antlitz waren drei dünne Gesichter übereinandergelegt. Zuunterst ein altes, das durch die zwei oberen schimmerte, mit Spuren verflüchtigter Güte und Mütterlichkeit. Darüber war eins mit tiefen Rillen aus Gram und Bitterkeit. Zuoberst war eins, das die Rillen fast ausfüllte, aber schon neue, frische, noch ungedeckte hatte von Ratlosigkeit und verschiedenen Sorgen und noch was, was er nicht gleich verstand. Er sagte aufs Geratewohl: »Das weiß Gott.« Paul warf ihm aus seinem Winkel einen kurzen Blick zu, in dem eine Warnung enthalten war. Hermann verstand, daß Paul genauso allein war wie er selbst. Er, Hermann, mit einem kleinen lustigen Jungen und einer kleinen, sorglosen, immer singenden Frau und Paul mit einer dicklichen, sorgfältig scheuernden Alten und einem toten Sohn. Nur daß ihn, Hermann,

das Alleinsein stärker bedrückte. Paul nahm sogar diesen Zustand wie ein Naturgesetz an, verdrießlich zwar, aber unumstößlich. Es gibt solche Menschen wie dich und mich, die sind nun mal in solchen Zeiten allein, daran ist nichts zu machen. – Die Frau stellte Malzkaffee und Tassen auf ihr Wachstuch, sie wischte sofort die Tropfen weg, die es beim Einschenken gab. Sie ist aber nur so versessen auf Ordnung, dachte Hermann, weil sie ja wohl auch eine große Unordnung in der Welt spürt, deren sie habhaft werden will. Die Frau sagte: »Es kann doch nicht jetzt plötzlich noch krumm gehen. Bei uns kann doch nicht so was passieren wie bei den Italienern: Wir sind doch schließlich ein anderes Volk; das kann man sich doch nicht vorstellen. All solches Unglück kann doch nicht umsonst gewesen sein.« – »Ein Unglück ist nicht umsonst«, sagte Hermann. »Sie sprechen ja wie der Pfarrer.« Sie fühlte sich eingereiht in die Gemeinschaft der Mütter, die ihre Söhne verloren hatten. Und diese Zugehörigkeit war ihr Stolz. Sie schwatzten und schlürften. Paul sagte, als Hermann aufstand: »Ich will ihn zur Brücke begleiten.«

Hermann schob sein Rad. Das Zwetschgenkernchen trottete neben ihm her. Er sagte: »Mit einem Spitzbuben ist also Schluß.« – »Noch immer nicht richtig«, sagte Hermann. »Sie haben ihn ja inzwischen wieder mit einem ihrer Streiche aus dem Gefängnis gelotst.« Der Paul sagte: »Da können die zwei ihre Galgenfrist zusammen verleben. Jetzt können die Leute bei uns mal zusehen, wie das anderswo ist, wenn ein Götze knackt.«

Sie blieben vor der Mainbrücke stehen. Sie starrten einen Augenblick in das Wasser, in dem die Sonnenkringel nicht zu verblassen, sondern unterzugehen schienen. Hermann sagte: »Man muß etwas tun.« Paul nickte. Durch seinen Kopf zogen all die Erfahrungen der vergangenen Jahre, Enttäuschungen, Einwände, Ausflüchte, Fragen: Ist das der richtige Augenblick?

Macht wirklich wer mit? Mit diesen Gedanken ließ er zugleich die Menschen vorbeigehen, die er abwägen mußte. Er kannte sie durch und durch, diese Menschen. Er brauchte zu dem Ergebnis nicht länger, als er brauchte, um ja mit dem Kopf zu nicken. »Das ist trotz allem der richtige Augenblick, man muß etwas tun.«

In Pauls Haus wohnte ein Junge, der Otto Schanz hieß. Als Paul, bevor er zu Hermanns Vorschlag ja gesagt hatte, die Menschen durch seinen Kopf gehen ließ, verängstigte, feige, verdorbene, feste, verräterische, war ihm auch Schanz in den Sinn gekommen. Schanz hatte sofort im ersten Kriegsjahr ein Bein und noch ein paar Knochen verloren. Er war wehrunfähig, aber nicht unfähig für den Betrieb. Er war früher prächtig und blendend gewesen und immer lustig und frech. Er war in zahllose Liebesgeschichten und Raufereien verwickelt gewesen. Er hatte auch noch zuerst im Krieg, bevor es ihn traf, nichts ausgelassen, was toll und gewagt war. Jetzt war er finster und kalt und meistens allein. Von seinen alten Herrlichkeiten war nichts mehr übrig als seine dicken schwarzen Haare und seine zusammengewachsenen Brauen und seine früher blitzblauen, jetzt kalten Augen. Er kam mit Paul zusammen, obwohl er den Menschen im Haus sonst auswich. Sie fühlten einander ab, daß sie sich einig waren. Der Krieg mußte bald und schlecht enden, und mit dem Krieg Hitler. Paul schien von Anfang an unbewußt in dem Schanz eine Art Ersatz für den gefallenen Sohn zu suchen, einen kümmerlichen Ersatz, einen Rest von verhunztem Leben. Er ging mit ihm um, wie er mit seinem eigenen Sohn nicht umgegangen war. Er hätte über den Lebenden nicht soviel nachgedacht. Er kümmerte sich um den jungen Schanz, wie er sich um den eigenen gekümmert hätte, wenn er am Rand der Verzweiflung zurückgekehrt wäre. Er war aber nie zu-

rückgekehrt, und er hatte sich nicht mehr um ihn kümmern können. Er mußte statt ihm dem Schanz beibringen, daß die Welt, auch wenn man nicht mehr in ihr herumstreifen konnte, noch unbekannte Gebiete hatte, die man durchmaß, wenn man stillsaß. Je aufmerksamer der Junge zuhörte, desto mehr kam Paul in den Sinn. Sie lagen bisweilen, in Decken vermummelt, in einem Bett mit dem Empfänger, den Schanz zusammengeflickt hatte, um den verbotenen Auslandssender zu hören. Weil Schanz die hohe Treppe unter das Dach, wo seine Familie wohnte, nicht steigen konnte, hatte ihm die Hausbewohnerschaft großmütig den Geräteschuppen im Hof überlassen, den sie sonst gemeinsam benutzte.
Paul steckte ihm eines Tages das Flugblatt zu, das Hermann ihm zugesteckt hatte. Schanz war von Natur frech und gerissen. Den Witz, den er früher auf tolle Streiche und Abenteuer geworfen hatte, setzte er jetzt so ein, daß man glauben konnte, ein Dutzend hätte die Hand im Spiel. Beengt und verstümmelt, wie er war, er hatte seinen Genuß daran, auf viele Menschen zu wirken.
Gerüchte und Wut und Verblüffung halfen bei der Verbreitung des Inhalts nach, obwohl er mit seinem Kinderdruckkasten nur ein paar Dutzend zustande gebracht hatte. Es gab Verhöre und Hausdurchsuchungen. Man griff ein paar Leute, die aus irgendwelchen Gründen verdächtig waren, doch weder Schanz noch Paul waren darunter. Hermann kam nie selbst mit dem Neuen zusammen, den Paul gefunden hatte. Er erfuhr nie, was das für eine Art Mensch war. Er wußte nur, daß Paul keinen Falschen wählte. Wenn Paul ihm Berichte brachte, die er am Sender abgehört hatte, dann gab er seine Erklärungen ab, als höre dieser ihm unbekannte Junge zu, der spät und jäh zum Denken gekommen war. Er hatte aus alten Zeiten ein kleines Buch in der Wand versteckt. Er trennte sich jetzt davon. Er fragte Paul aus, was

Schanz dazu sagte. Doch Paul war wiederum nicht der Mensch, der scharf beobachten konnte. Er sagte nur: »Er war froh«, oder: »Er hat so was noch nie gelesen.«

Hermann lag im Herbst desselben Jahres an einem Sonntagmorgen am Ufer im warmen Sand. Sein Junge warf einen Kieselstein nach dem andern flach ins Wasser, damit jeder möglichst oft, bevor er versank, auf dem Wasser sprang. Er war zu faul, um den Kopf zu heben. Er sah in einer Ebene mit seinen Augen das zittrige Spiegelbild der gegenüberliegenden Stadt auf dem Strom; die höchste Domspitze reichte im Spiegelbild fast zu ihm ans rechte Ufer. Die Glocken tönten, als läutete eine versunkene Stadt.
Er achtete nicht auf ein schwaches Motorgeräusch in der Nähe. Er gab auch nicht darauf acht, daß in seinem Rücken das Boot anlegte. Er zuckte zusammen, als sein Name gerufen wurde.
Seit Jahr und Tag bedeutete ihm ein plötzlicher Ruf, das Auftauchen eines Fremden an einem entlegenen Ort, der unvermutete Druck einer Hand auf der Schulter, all diese winzigen Zufälle, die nichts anderes sein sollten, als die Annäherung einzelner Menschen in der Gemeinschaft der Menschheit, ein Warnungszeichen, das jede Gefahr ankündigen konnte. Er war noch hundertmal mehr auf Gefahr gefaßt, seitdem er begonnen hatte, die paar kleinen Gruppen zusammenzubringen mit einem Verbindungsmann, der auch ständig wechselte und keiner einzelnen Gruppe angehörte, so daß keiner Bescheid über keinen wußte. Nur Hermann wußte Bescheid über alle, Paul wußte sein Teil, und Schanz wußte ein anderes Teil. – Der alte Bentsch hatte sich eines Tages eingestellt. Den hatte es heimlich lange gewürgt, daß er damals auf dem Weg zur Fabrik allerhand zugesagt und dann doch nichts gehalten hatte. Er hatte sich selbst immerfort erklärt, warum er nicht mitgemacht hatte.

Es sei ihm sofort klargeworden, daß überhaupt niemand mitmachen werde, selbst die, die es fest versprochen hätten, weil so etwas richtig vorbereitet sein müßte, nicht einfach vom Zaun gebrochen. – Als ihm eines Tages sein Nebenmann das Flugblatt zeigte, das er plötzlich in seinem Werkzeugkasten gefunden hatte, da dachte sich Bentsch, wenn irgendwo doch noch was geschah, dann könnte Hermann seine Hand im Spiel haben, heute wie damals. Er hatte sich an ihn herangemacht: »Hör mal, das war damals Wildfängerei. Wenn ihr aber wieder mal etwas Gescheites vorhabt, und ihr braucht einen, auf den ihr euch ganz verlassen könnt, dann, bitte, denk an mich.« – Hermann hatte ihm rückerwidert: »Ich weiß nicht, wovon du sprichst, Bentsch.« Er gab aber Paul einen Wink, sich bei Gelegenheit an den Bentsch heranzumachen.

So waren sie mit der Zeit auf zehn, zwölf Leute angewachsen. Es hatte manchmal den Anschein, als ob in dem großen Gebiet auch ohne ihr Zutun noch einzelne Gruppen an anderen Enden entstünden. Dann wurden plötzlich viele Leute nachts aus ihren Wohnungen geholt oder beim Verlassen des Betriebs gestellt. Aus ihrem eigenen Kreis wurden zwei verhaftet, die übrigen hatten nichts mit ihnen zu tun. Man fand nicht heraus, ob diese Menschen wahllos oder nach einer gewissen Einschätzung gefaßt worden waren, oder seit langem beobachtet, oder ob etwa noch immer ein Spitzel in einer ganz unverdächtigen Person verkappt war. Es konnte auch sein, daß man einen solchen Spitzel nur zum Schein mitverhaftet hatte.

Die übrigen blieben auch weiter unbehelligt. Es kam auch kein Neuer mehr dazu. Es kam kein Ersatz für die Ausgeschiedenen. Was um sie herumlag, seicht, zuwartend und unschlüssig, zwischen den Nazis und ihrer zusammengeschlossenen Gruppe, das war eine Art von Niemandsland. Wenn man dort zuerst gehört hatte: »Gegen die Nazis kommt man nicht auf«,

oder: »Ihr seht, die sind wieder mal obengeblieben; sie haben sich sogar wieder den Duce geholt, das war doch trotz allem ein tolles Stück«, so hörte man jetzt: »Der Krieg, der geht schon zu Ende auch ohne uns«, oder: »Nachdem wir soviel überstanden haben, wollen wir nicht zuletzt noch dran glauben.« Es war, als ziehe sich das Echo, statt in dem Tal zu verhallen, wieder in die Berge zurück.
Als Hermann seinen Namen hinter sich rufen hörte, dachte er: Jetzt ist es soweit. Er stellte sich zuerst, als hätte er nichts gehört. Dann richtete er sich in gespielter Gleichgültigkeit auf die Ellenbogen.
Er hätte wissen können, daß sich die Polizei für eine Verhaftung nicht soviel Zeit lassen würde. Er erkannte zuerst den Mann nicht, der unerwartet durch die Sandkuhle zu ihm kam. Kreß hatte den Sonntagmorgen zu einer Bootsfahrt benutzt. Er setzte sich neben ihn auf den Boden: »Ich habe immer mal allein mit Ihnen sprechen wollen. Ich habe von meinem Boot aus gesehen, wo Sie am liebsten sonntags mit Ihrem Jungen spielen.« Hermann erwiderte nichts. Er sah von Kreß' Gesicht, das er genugsam kannte, auf die Krawattennadel in dessen Schlips, ein feines, kunstvolles Hakenkreuzchen, so bescheiden, so unaufdringlich, daß es auf die einen belanglos wirkte und doch auf die anderen besänftigend. »Sie haben sich sicher oft gewundert«, sagte Kreß, »daß ich seit dem Abend, an dem wir zwei in Frankfurt zusammentrafen, um uns zu sagen, wie dieser Heisler die Flucht überstand – das ist schon mehr als sechs Jahre her –, von der Bildfläche verschwunden bin. Ich meine die Bildfläche des Kampfes.«
Hermann erwiderte nichts. Der feine Lichtstrahl aus der Krawattennadel auf der weißen Hemdbrust, auf der äußeren Bildfläche des Besuchers, hielt seinen Blick gebannt. Kreß wartete einen Augenblick auf eine Antwort. Da keine kam, fuhr er fort: »Mit heute verglichen, erscheint mir der Tag, an dem ich

Sie damals traf, und alle Tage vorher und nachher, erscheint mir die schrecklichste, unmittelbarste Gefahr, die damals ausdenkbar war, ein Kindheitserlebnis, ein Jugendstreich. Das waren ja beinahe glückliche Tage, mit heute verglichen. Wir wagten etwas. Wir waren hoffnungsvoll, und wir glaubten, weil uns etwas gelungen war, die Hauptsache sei schon gelungen. Was uns als ein Wendepunkt erschien, Hermann, das war in Wirklichkeit nur ein unbedeutendes Pünktchen, eine winzige Episode – wir haben sie überstanden. Es kam mir nachher unsinnig vor, meine gute Stelle, meinen für die Nazis noch unbefleckten Namen für sinnlose Episoden aufs Spiel zu setzen. Es schien mir vernünftig, den richtigen Wendepunkt abzuwarten. Er kommt – davon blieb ich überzeugt.« Er wartete. Da Hermann immer noch nichts sagte, fuhr er von neuem fort: »Mein lieber Hermann, ich bin überzeugt, Sie haben mich richtig verstanden. Gerade Sie, sonst wären Sie selbst ja nicht immer noch frei. Mir können Sie nicht vormachen, daß ich mir einbilde, Sie hätten sich plötzlich von Grund auf verwandelt. Ich verstehe mich auf Menschen. – Zum Teufel, Hermann, wollen Sie denn nicht mit mir sprechen? Ich bin nicht hierhergekommen, um mir Ihr Schweigen anzuhören. Sie kennen mich doch, wie ich Sie kenne.« »Was wollen Sie denn?« sagte Hermann. »Was soll ich Ihnen denn jetzt erzählen? Ich weiß nicht mehr wie Sie.« Er dachte: Ich habe schon zweimal für diesen Mann gebürgt. Ich weiß von ihm nur, daß er zweimal sein Wort gehalten hat, das erstemal – damals bei der Flucht. Und dann hat Spengler ihn bei der Stichprobe scharf beobachtet. Danach hat Kreß damals den Fehler entdeckt und verschwiegen. Er hat nicht gemerkt, daß die Stichprobe, die er damals angestellt hatte, eine Stichprobe auf ihn selbst wurde. Kreß sagte: »Ich habe mich nicht so still verhalten, wie Sie glauben. Ich bin überzeugt, Hermann, daß Ihre Hand bei gewissen Angelegenheiten im Spiel

war. Und weil ich davon überzeugt war, habe ich mich so gestellt, als ob mir nichts auffällt. Sie wissen ja, Hermann, was ich meine. Sie hätten damals auffliegen können, wenn ich den Mund nicht gehalten hätte. Sie und ein paar Ihrer Freunde. In jenen Tagen, Hermann, Sie wissen, von welchen Tagen ich spreche, soll es im ganzen Reich einen Schwarm von Verhaftungen gegeben haben. Auch bei uns im Werk, nicht nur in unserem Betrieb, auch drüben in Höchst. Es sind auch noch außer Ihnen welche auf denselben Gedanken gekommen; zwar nicht sehr viele, das wieder nicht, zwar nicht genug Leute, als daß man sie nicht schnell einzeln hätte herauspicken können und totschlagen oder ins Lager schicken. So daß dann alles weiterging. Es hat sich keiner besonders darum geschert. Den Volksgenossen war es noch immer lieber, den Heldentod auf dem Schlachtfeld zu sterben als unter dem Beil im Gefängnishof oder sonstwie im Gestapokeller. Und jetzt, selbst wenn es ihnen schon dämmert, das Tausendjährige Reich geht auch mal zu Ende, jetzt wollen sie lieber miterleben, was danach kommt. Sie haben früher gedacht, ich kann tun, was ich will, es geht doch immer weiter. Jetzt denken sie, es geht doch zu Ende, wozu soll ich jetzt noch was riskieren.«
Der kleine Junge kam angerannt. »Wir wollen heim, die Mutter wartet schon mit dem Essen.« Hermann stand auf. »Da drüben im Boot liegt meine Jacke«, sagte Kreß, »die bring mir mal ran, mein Junge.« Er sprang auf die Füße, faßte nach Hermanns Ärmel und sagte: »Wie widerwärtig das ist! So bin ich nicht, das bin ich nicht, das glauben Sie auch nicht, Hermann. Ich will nicht, daß Sie das glauben. Ich will mich nicht durch die Zeit durchschleichen, ich will nicht, wenn sie vorbei ist, über mich denken: Ich habe sie überstanden. Ich will etwas mit euch zusammen tun. Ich weiß am besten von euch Bescheid, und ich kann etwas tun.«

Der kleine Junge schwenkte im Boot mit der Jacke. Jetzt war keine Zeit mehr zu verlieren. Kreß redete heftig und schnell: »Sag nicht, daß ihr nichts tut. Wenn du willst, schweig weiter. Ich kann dich nicht dazu zwingen, mir zu trauen, ich weiß aber, daß du doch immer du selbst bist. Ich weiß, daß ihr immer noch weiter da seid. Im vorigen Jahr, wie mir meine Herren Kollegen schäumend vor Wut euer Flugblatt zeigten, da hab ich Bescheid gewußt, da war mir klar, auf wessen Spur ich gestoßen war. Ich habe Angst um dich gehabt. Dann aber, nach soundsoviel Verhaftungen, haben sie Ruhe gegeben, haben wahrscheinlich gedacht, sie hätten die Richtigen schon erwischt.

Ich habe dir jetzt alles erzählt, ich habe vor dir nichts zurückgehalten. Mehr kann ich nicht tun. Ich bitte dich, überlege dir die Sache, ob ich mitmachen kann, was ich mitmachen kann. Schick jemand zu mir. Ein Haufen Menschen spricht mich jeden Tag an auf dem Weg zur Arbeit und heim, ich werde schon merken, wer von dir kommt.« – Er klopfte dem Jungen den Kopf, der mit der Jacke zurückkam; er sagte in verändertem Ton: »Ich warte also.« Er suchte in seiner Tasche nach Zigaretten, dann ging er weg in der Richtung des Bootes.

Der Kleine zerrte seinen Vater in entgegengesetzter Richtung nach Hause. Hermann hörte in seinem Rücken rheinaufwärts das Geräusch des Motors. Er dachte: Man muß es vorsichtig mit ihm versuchen, damit er selbst im schlimmsten Fall nicht viel auspacken kann.

Pauls Frau hatte sich immer, solange ihr Sohn noch daheim war, jung gemacht, damit die Leute nicht merkten, daß sie viel älter als ihr Mann war. Das Zwetschgenkernchen war nicht nur jünger, es war auch beträchtlich kleiner und magerer. Als die beiden Alten allein blieben, legte sie keinen Wert mehr auf

Jugend. Sie schien die beiden Männlichkeiten in ihrer Familie zu verwechseln, oder sie schmolzen in ihrem Kopf zu einer zusammen. Sie schimpfte das Zwetschgenkernchen aus für Flecke oder verlorene Taschentücher, sie schalt es, wenn es zu spät kam oder einen Einkauf vergaß. Sie konnte den Schanz nicht leiden, weil er kurz angebunden und frech war und weil ihr Mann unnötig viel Zeit in seiner Bude verlor. Den Hermann hatte sie gern. Er war gut zu ihr gewesen in einer schrecklichen Stunde, und er hatte verstanden, daß es besser war, nicht mehr darauf zurückzukommen. Er war da, wenn man ihn brauchte, und er war nicht da, wenn man ihn nicht brauchte; er war ein anständiger Mensch.

Da alle Reklamationen und alle anderen Versuche fehlschlugen und Paul schließlich doch noch eingezogen wurde, da war ihr bang in der leeren Wohnung, die dadurch noch leerer aussah, weil sie jetzt genug Zeit hatte, sie unermüdlich zu scheuern, und niemand sie schmutzig machte. Sie ging auf Stunden nähen in eine Armeewerkstatt; sie stopfte und flickte, wenn sie heimkam, an dem zurückgebliebenen Zeug ihres Mannes.

Paul schrieb ihr kurz nach der Abfahrt von einem Übungsplatz in Mitteldeutschland, auf dem er noch eine Zeitlang zur Ausbildung bleiben sollte. Es war ihr unsäglich leer; sie wartete auf Post. Sie suchte immer, wenn sie heimkam, noch eine neue ausgefallene Arbeit. Sie trennte ihre Matratze auf, sie leerte das Seegras, mit dem sie gefüllt war, auf den Boden; sie füllte sie wieder gleichmäßig auf – Paul, sagte sie, hätte auf seiner Seite eine Delle hineingeschlafen; jetzt hätte sie endlich mal Ruhe, um alles frisch zu machen, wie jungverheiratet. – Sie hatte abends Herzklopfen, wenn sie aufschloß. Vielleicht war ein weißer Fleck auf dem Boden, ein eingeschobener Brief.

Der weiße Fleck war endlich auch einmal da. Sie ging ins Nachmittagslicht ans Fenster. Doch wie sie den Brief näher ansah, da war er unmöglich gekommen. Es war unmöglich, daß er für sie gekommen war, und auch unmöglich, daß er den Paul betraf. Er galt vielleicht gar nichts. Es war wohl ein Tag wie andere Tage, ein gewöhnlicher Tag ohne Post. Paul hatte einmal geschrieben und dann nicht mehr. Er konnte unmöglich gefallen sein, er war ja eben erst eingezogen.

Sie sagte auch nichts zu der Nachbarsfrau, die klopfte, um etwas zu leihen. Sie nahm sogar, weil die Frau noch schwatzte, ihr Nähzeug vor, Pauls vertragenste Hosen, und stopfte weiter. Sie stopfte auch noch ein paar Minuten allein, als die Frau schon weg war. Als sie drunten die Arbeiter heimkommen hörte, stieg sie die Treppe wieder hinab. Sie stellte sich in die offene Haustür und paßte den Hermann ab. »Da, sieh mal«, sagte sie, »was eben gekommen ist.« Er warf einen Blick auf das »Gefallen« zwischen ihren Fingern und dann einen Blick in ihr Gesicht. Der Schmerz war nicht darin, der ihm selbst durch und durch ging. Sie fragte ihn höhnisch, ob man so einen Unsinn glauben könnte.

Es war auch ein Unsinn. Das Zwetschgenkernchen mit seinen wachen, kleinen, spitzigen Augen konnte nicht plötzlich durchlöchert oder zerfetzt irgendwo liegen. Gerade das Leben, das man am meisten brauchte, auf dieser Seite der Front und auf der anderen. Doch keine Granate konnte gerade das Zwetschgenkernchen verschonen. Paul mußte bestimmt gleich wieder irgendwo auftauchen, auf seinem Fahrrad oder an der Werkbank mit eingezogenen Lippen oder gleichmütig in einer Ecke der Küche, wo er bei Hermanns letztem Besuch wortlos gesessen hatte.

Diesmal war keine Gefahr, daß die Frau in ungestüme Verzweiflung, in Flüche und in Verwünschungen ausbrach, wie es bei der Todesnachricht des Sohnes geschehen war. Sie bewegte in einem fort die Lippen, ohne ein Wort zu sagen. Sie zitterte inwendig, aber

nach außen kam nichts. Sie machte nur viele fahrige, sinnlose Handgriffe.
Schanz kam herauf. Hermann sah ihm an, daß ihm ebenso kalt vor Leid und Kummer war wie ihm selbst. Sie hatten manchmal versucht, sich zu treffen, seit Paul eingerückt war. Erst heute bei dem Trauerbesuch konnten sie sich genau aus der Nähe ansehen. Sie nickten sich zu und verstanden trotz allem sofort, daß dieser Ort und diese Minute geeignet waren, um unauffällig ihre nächste Zusammenkunft zu vereinbaren. Es war ihnen beiden zumute, als müßte Paul auch jetzt seinen Kopf dazwischenstecken und zweimal nicken oder auch zweifelnd knurren.

»Sie kommen«, sagte Marie. Sie war schon vor Hermann aufgewacht. Sie hatte sich bei den näherkommenden Schritten im Bett aufgerichtet, bevor geläutet wurde. Hermann hatte oft nachts neben der schlafenden Frau wach gelegen; er hatte auf jedes Geräusch gehorcht, er hatte die Büttel im Geist oft ankommen hören; und war es dann wieder still geworden, dann hatte er lange gegrübelt, was mit seiner Frau und seinem Sohn geschehen sollte, wenn sie ihn fingen. Er hatte sich mit dem Gedanken an Flucht getragen, vor zwei Monaten, als sie plötzlich den jüngeren der Brüder Abst verhafteten. Er wurde vielleicht gefoltert und verriet, von wem sie die Anweisungen bekämen, und falls ihm auf den Kopf zugesagt wurde, er gehöre zu einer geschlossenen Gruppe, dann gab er vielleicht die Namen an. Doch Abst konnte nur beteuert haben, die Redensarten, für die er gestellt worden war, stammten aus seinem eigenen Kopf. – Man hatte sie alle wieder in Ruhe gelassen. Hermann hatte sich oft gefragt, ob es richtig gewesen war, Kreß gleich dazuzunehmen. Gewiß, er hatte sich zweimal bewährt, aber würde ein solcher Mann dichthalten? Er hatte bei dieser Erwägung eher dem Abst zugetraut, seinen Peinigern gewachsen zu sein an Findigkeit und auch an physischer Widerstandskraft. Was nützte denn einem Mann wie Kreß sein Spott und seine Kälte, wenn Tod gegen Leben stand, wenn er nicht mehr auf Glatteis herumschlittern konnte? Für so einen war das Leben schwerer zu verlieren als für den Abst; es war voll Annehmlichkeiten; er würde sich vor sich selbst entschuldigen, daß nichts zu nichts nützt. – Hermann dachte an Kreß, als er die Schelle an seiner Tür so läuten hörte, wie sie läutet, wenn jemand den Daumen auf dem Schellenknopf hält. Er überdachte blitzschnell, daß er nicht mehr entfliehen konnte, das Dorf war sicher umstellt. Und wenn er durchs Fenster sprang gegen den Rhein? – Er kannte das künstliche Erdloch schräg hinter dem Haus, in dem seit Wochen ein Posten steckte. Der Mond schien auch allzu hell, ein Vollmond, in dem man die Ranken und Schatten zählen konnte. Er sagte so ruhig er konnte: »Mach auf, Marie.« Die Augen der Frau wurden rund und dunkel. Sie sagte: »Ich gehe mit dem Kind zu meinen Verwandten in den Taunus.« Hermann hatte jetzt keine Zeit mehr, sich zu verwundern. Es war ihm mit einem Schlag klar, ohne daß er darauf noch Gewicht legte, daß die Frau, was jetzt geschah, schon in Betracht gezogen hatte. Sie hatte schon ihre Pläne. Sie hatte im stillen geahnt, daß er noch etwas anderes war als der schweigsame, für ihre Jugend zu gelassene Mann. Die Einsicht überraschte ihn nicht, er fand sie nicht einmal sonderbar, dafür war die Zeit zu kurz. Sie blitzte auf in dem Kegellicht einer Taschenlampe, die gegen sein Bett gerichtet war, genau und kurz, um die Verdunkelung nicht zu stören. Die drei Worte: »Kommen Sie mit!« machten drei Striche, vielleicht für immer, auf Mariens Stirn, die bisher so glatt und rundgewölbt wie ein Apfel gewesen war. Die Gürtelschnallen blinkten auf den drei Uniformen, die schwärzer waren als das übrige Zimmer. Der kleine Junge hatte sich aufgerichtet. Er schlief in seinem eigenen Bett am

Fußende des großen. Er war noch zu schlafbenommen, um etwas zu verstehen, und wie er zu fragen anfing, war der Vater schon fort. Marie horchte auf das Auto die Dorfstraße entlang. Sie drückte das Kind in sein Bett zurück. Sie lief vor die Tür und sah in die Richtung des Autos, wo es nichts mehr zu sehen gab.
Hermann fuhr mit seiner Bewachung über die Straße, wo er jahraus, jahrein zur Arbeit gegangen war. Er dachte jetzt nicht an daheim. Es war ihm zumute, als sei er nicht erst seit Minuten von daheim weg, sondern unfaßbare Zeitläufte, nach denen man Sternenbahnen mißt. Es war ihm zumute, als folgten dem Polizeiauto die unsichtbaren Schwärme von drei Schichten. Er warf einen Blick zu dem dunklen Eckhaus hinauf; ihm war, als tauche der Kopf von Pauls Frau zwischen den Gardinen auf, wie die Morgensonne in einem Sternenkranz weißer Zotteln. Er hörte sie rufen: »Er kommt!« – Er nahm sich zusammen und begann die vermutlichen Fragen und passenden Antworten auszudenken. Sie waren bestimmt nicht beobachtet worden, dafür war ihre Gruppe zu sorgfältig durchdacht; der Verbindungsmann war jedesmal ausgetauscht worden. Waren sie von einem der Ihren verraten worden? Er dachte noch einmal: Von Kreß? Ist das möglich? Er weigerte sich, diesem Namen endgültig Macht über seinen Verdacht zu geben; warum zum Beispiel nicht Bentsch, der schon einmal sein Versprechen nicht gehalten hatte? Warum nicht der kleine Anton, der treu war, aber so jung und dumm, daß man ihm vielleicht die Zunge gezogen hatte, der jüngere Abst, auf den der ältere schwor? Und dieser Hartmann, der aus dem KZ entlassen war? Seit seiner Kindheit dabei, kann er mürbe gemacht worden sein?
Der Mond und die Sterne waren schon abgeblaßt bei dem Rest der Fahrt. Sie fuhren in Frankfurt ein. Hermann dachte: Und wenn es doch Schanz ist? Paul hat ihn gebracht. Paul hat die Hand ins Feuer für ihn

107

gelegt. Schanz hat einen Stumpf, doch ist ein Stumpf eine Bürgschaft? Der Hohn und der Haß dieses Burschen können auch anders ausgelegt werden. Das Leben hat ihm nichts mehr gegolten. Sein eigenes nicht, vielleicht auch das Leben der anderen nicht.
Als er in das Gestapozimmer geführt wurde, ein stilles, vom Grün eines Lindenbaumes besänftigtes Hofzimmer, schickte sich schon die Sonne an, zu scheinen über Gerechte und Ungerechte. Der Einarmige hinter dem Pult in einem mit Orden bedeckten Uniformrock machte mit seiner gesunden Hand eine Geste von spöttischer Einladung. Er sah viel jünger als Hermann aus; er lächelte, wie er den Verhafteten mit der Beschreibung verglich, die vor ihm lag, als sei er über die Fleischwerdung dieser Buchstaben außerordentlich belustigt. Hermann paßte gespannt auf die ersten Worte. Er sah im Licht der kleinen Lampe seinen eigenen Schatten auf den Papieren, die von seiner Angelegenheit beschrieben waren. Der Mann hinter dem Pult sah Hermann an, als sei er im rechten Augenblick vom Himmel vor seinen Schreibtisch gefallen. Er sagte: »Da wären wir ja glücklich beisammen, mein Sohn.« Hermann schwieg. Er versuchte aus dem Gesicht soviel wie möglich zu lernen, damit er die Antworten nach dem Mann abstimmen könnte. Er konnte dem jungen, trotz der Verwundung frischen Gesicht nur eine spöttische Fröhlichkeit anmerken, aus der er nicht klug wurde. Sein Herz schlug jetzt ruhig, und sein Kopf war klar. Er hatte nur in den Ohren ein leises Surren, so daß er selbst einen Augenblick dachte, irgendwo, weiter weg, sei wieder ein Schellenknopf eingedrückt. Doch weil dieser Ton nicht aufhörte, sondern sich merklich verstärkte, konnte es nur der Tod sein, der enger kreiste. Er dachte: Daß sie einen quälen können, bis man etwas gegen seinen Willen verrät, das glaube ich nicht. – »Sie sind Hermann Schulz?« – »Ja«, sagte Hermann. Der Beamte lehnte sich vor. Er sagte leise, doch of-

fensichtlich belustigt, wobei er gespannt auf den Ausdruck wartete, den seine überraschende Mitteilung in dem Gesicht des Gefangenen machen mußte: »Sie sind überführt, am 22. Juni 1941 in Ihrer Abteilung in Ihrer Fabrik Sabotageakte aktiv unterstützt und verschwiegen zu haben.« Er starrte weiter in Hermanns Gesicht; er konnte sich nicht erklären, was er darin fand: unendliche Erleichterung. Da der Gefangene schwieg, fuhr er fort: »Sie brauchen sich gar keine Mühe zu geben, Hermann Schulz, Ihre Teilnahme abzuleugnen. Darüber brauchen Sie gar nicht nachzudenken. Wir haben ja sozusagen Ihre Fingerspuren, Ihre Kennummer.« Er sah auf das Papier. Die Einförmigkeit des Ablesens war gemildert durch einen Ton von Genugtuung. »Die am Kampfort selbst gemachte Untersuchung hat ergeben, daß eine Anzahl der gemeldeten Handgranaten am 22. Juni 1941 in Griesheim hergestellt wurden, in der Abteilung B. Laut Kontrollnummer, die an diesem Ort und zu dieser Stunde von Ihnen, Schulz, vermerkt worden ist.« – Ich habe mit meinem Argwohn dem Kreß und Schanz und dem Abst unrecht getan, dachte Hermann.
Als hätten beide zusammen ein gemeinsames Maß zur Verfügung von Triumph und Bestürzung, wurde das Gesicht des einarmigen Beamten verständnisloser und unsicherer, je triumphierender Hermanns Gesicht wurde.

III

»Er lebt«, sagte Lotte, »stell dir vor, er lebt!« Marie drehte sich langsam um. In ihrem Kindergesicht war eine seltsame, freudige Angst. Dann blaßte das Helle ab, sie senkte den Kopf, als ob sie jetzt erst verstünde, wer lebte. Natürlich nicht Hermann, ihr Mann, den hatten sie längst ermordet, die Toten kehren nicht wieder. Sie konnte noch immer nicht begreifen, daß dort, wo der Krieg zu Ende war und hier und dort

ein Mann oder Sohn wieder heimfand, gerade Hermann ewig verscharrt sein sollte.
Sie hatte damals nie ganz begriffen, wieso das Glück über sie kam, daß dieser Hermann, ein kluger, ernster, erwachsener Mensch, der Arbeit hatte und Geld verdiente, gerade auf sie ein Auge warf. Sie hatte immer bei allen als unvernünftig gegolten, bei den Nachbarn, bei ihrer eigenen Mutter, die selbst von ihr sagte: Meine fünf anderen sind schlauer. Die kann nur singen, aus der wird nie was Gescheites. – Und plötzlich hatte gerade sie einen solchen Freier gefunden. Sie war in dem kleinen Haus gelandet, sie war eine Mutter geworden. Hermann hatte immer sanft mit ihr gesprochen, so wie sie nie geahnt hatte, daß ein Mann daheim sprechen konnte. Ihr Vater hatte immer gebrüllt und gedroht. – Zuerst war sie nur verwundert gewesen, sie hatte sich vor Hermann gefürchtet, weil er erwachsen und klug war. Dann hatte sie ihn von Herzen liebgewonnen. Sie hatte gemerkt, daß es ihm guttat, wenn sie lieb zu ihm war, und viele gute, sanfte Sachen waren ihr nach und nach eingefallen, die ihm gutgetan hatten. Er hatte auch gern zugehört, wenn sie sang, worüber daheim ihre Mutter immer schimpfte. Er hatte ihr still mit zugehört, sein Gesicht war glatter geworden. Sie hatte auch andere Sachen seinetwegen versucht, die weniger gut gelungen waren: Kochen und Nähen und so was, was andere Frauen besser verstanden.
Auf einmal war alles aus gewesen, seit jener Nacht, als sie plötzlich mit Hermann wegfuhren. Sie lachte nie mehr und sang nie mehr. Sie spielte manchmal mit ihrem kleinen Jungen wie ein Kind mit dem anderen. Der Krieg, der hinter der Ebene ganze Fabriksiedlungen weggefegte, die Stadt am anderen Ufer vernichtet hatte, daß nur noch zwei Domspitzen aus Trümmern und Rauch sich in die Luft reckten, hatte sie mit ihrem Kind in dem Haus übriggelassen, zwei Vöglein in einem unbeachteten Nest. Sie hatten langsam das

Mehlsäckchen leer gegessen, den kleinen Vorrat, den Hermann noch heimgebracht hatte. Sie wären verhungert, wenn sie nicht manchmal morgens in ihrem Fenster dies und jenes zum Essen gefunden hätten. Es war so still in der Dunkelheit hingelegt worden, als ob sie der Geist des Toten versorgte. Warum Hermanns Freunde am Tag nicht zu ihr hereinkamen, das konnte sie ganz gut verstehen, obwohl ihr anfangs die Einsamkeit weh tat.
Als die Alliierten auf das rechte Rheinufer kamen, als die Nazis vertrieben waren, da stellte sich dieser und jener ein. »Ach, liebe Frau Schulz, sie waren ja scharf hinter uns her. Und Ihren Hermann hätte es doch nicht lebendig gemacht.« Marie wußte wenig darauf zu sagen. Sie war nie unterhaltsam gewesen. Der Besuch flaute langsam ab. Es gab auf beiden Ufern so viele Witwen und Waisen, daß niemand mehr darüber sprach, wo wer gefallen war. Wenn Lotte aus Schmiedheim zu ihr kam, tat immer eine der beiden der anderen was Gutes an. Die Lotte hatte einmal den eigenen Wollschal um Mariens Hals gewickelt. Marie hatte ihr einmal einen Rest Grieß in die Tasche gesteckt. Sie hatte heute, wie meistens, das Mädchen mitgebracht, das gern mit dem Kleinen spielte. Wie eine dünne, aber leuchtende Blume aus dürftigem Boden schießt, wuchs dieses Mädchen mit all seiner Lieblichkeit, mit seinem zarten Gesichtlein aus allem Elend und Leid.
Jetzt saßen die beiden Kinder, im stillen auf eine Suppe hoffend, auf der Bank unter dem Fenster. Sie hatten die Köpfe aneinandergelehnt und die Finger ineinandergehakt aus Freundschaft und Müdigkeit. »Er kommt zurück, stell dir vor«, sagte Lotte. »Mir hat der Heiner von ihm einen Zettel gebracht, einen Zettel mit seiner Handschrift. So hat doch dein Hermann recht gehabt, er war gar nicht tot. Er war nur gefangen, er war nur weit weg am andern Ende der Sowjetunion; weil Rußland so groß ist, ist das so gut

wie am andern Ende der Welt. Da braucht er noch lange, aber er kommt.« – »Ja«, sagte Marie, »da braucht er lange, aber er kommt.«
Auf einmal fing Lotte zu sprechen an, wie sie sonst nur mit Hermann gesprochen hätte. »Auch ich, Marie, wenn man mir sagt, er kommt, sogar wenn er selbst es schreibt – dir kann ich es sagen, Marie, du denkst deshalb nicht schlecht über mich –, ich meine selbst erst immer einen Augenblick, es sei die Nachricht von dem anderen. Ich meine den anderen«, fügte sie leise hinzu, »den sie dreiunddreißig erschlugen, den Vater von meinem Kind. Ich denke immer, wenn alle kommen, warum soll dann er nicht kommen? Es ist aber Franz, der kommt, und er kommt wie ein Abgesandter für alle.« Marie zuckte ein wenig zusammen, als Lotte den Arm um sie legte. Ihr ohnedies weißes Gesicht war noch tiefer erbleicht, als sei auch die letzte Glut in ihrem Innern erloschen.
Als Lotte mit ihrem Kind heimging, traf sie auf dem Uferdamm einen jungen Burschen, der ihr schon von weitem vertraut vorkam. Dann fiel ihr ein, daß er vor ein paar Wochen bei ihr gewesen war und nach Franz gefragt hatte. Sie war so voll von der guten Botschaft, daß sie ihn anhielt und ihm den Brief zeigte. Er sagte: »Da sind wir also dann doch wieder ein paar von früher zusammen.« Auf seinem Gesicht und seinen Worten lag auch der Schatten von denen, die nie mehr dabeisein würden. Das magere kleine Mädchen in seinem zusammengesetzten, ausgewachsenen Kleidchen schützte sich vor dem Abendwind zwischen den beiden Erwachsenen. Ein Abendläuten begann am gegenüberliegenden Ufer aus den unversehrten Türmen. Das klang, als ob die zertrümmerte Stadt sich noch einmal aufgerafft hätte. Spengler strich über das Haar des Kindes. Es drehte ihm sein verfrorenes Gesichtlein zu, die Spur von Lieblichkeit, die nichts ausgelöscht hatte, griff ihm ans Herz. Er sagte rauh: »Die wird aber mal ein schönes Mäd-

chen!« Und Lotte sagte, ohne viel nachzudenken: »Hast du ihren Vater gekannt, den Seidler?« – »Nein«, sagte Spengler, »was für ein Seidler?« – »Wie dumm ich frage. Wie sollst du auch. Du warst ja selbst damals ein Kind.«

Er ging in Gedanken zum Dorf hinunter. Das kleine Haus zog ihn immer wieder in gewissen Abständen an. Er hatte gleich nach der Rückkehr aus dem Krieg erfahren, wie Hermann geendet hatte. Dann war er über den Main ins Dorf gegangen, um sich nach der Frau des Freundes umzusehen. Marie war es später zumut, sie hätte dem Klopfen schon angehört, daß vor der Tür ein besonderer Besucher stand. Sie kannte aber damals den jungen Menschen gar nicht, der ziemlich heruntergekommen aussah. Er sagte: »Sie sind doch die Frau von dem Hermann?« Und wie er das sagte, wußte sie, daß er den Hermann gekannt hatte und an ihn dachte, wie man an Lebende denkt. Er sah sie auch an, wie man zum erstenmal die Frau eines Freundes ansieht; er fuhr dem Kind über den Kopf, wie man dem Kind eines Freundes über den Kopf fährt. Er sagte: »Ich habe schon alles erzählt bekommen. Ich habe zuerst gedacht, sie hätten ihn für Gott weiß was geschnappt. Da haben sich wohl die Nazis vor Stolz gebläht, daß sie doch noch alles herausbekamen. Sie hätten sicher den Paul am liebsten aus seinem Massengrab ausgebuddelt. Sie haben sicher bedauert, daß sie nur zu den Lebenden Zugang hatten. Sie hatten aber auch keinen uneingeschränkten Zugang zu den Lebenden. Es hat außer mir noch manchen gegeben, der von der Sache gewußt hat. Und wenn er auch nicht mitgemacht hat, sein Maul hat er doch gehalten. Durch die ist Hermann nicht hereingefallen.« – »Ich habe geglaubt«, sagte Marie leise, »er sei von jemand angezeigt worden.« Sie fragte nicht viel. Spengler erzählte von selbst, wie seine Arbeitskollegen die Entdeckung beschrieben hatten. Marie wurde bei diesem Besuch zwar nicht froher,

aber ein wenig ruhiger. Sie hatte die ganze Zeit bei jedem Wort und bei jedem Blick in ihrem Innern gedacht: Von euch hat jemand den Hermann angezeigt. Die Schlechtigkeit dieses Unbekannten hatte auf alle ihre Schatten geworfen. Das Leben war jetzt zwar nicht leichter geworden, aber klarer und schärfer. Die Menschen um sie herum, mit denen sie trotten mußte und Wäsche waschen und einkaufen, waren zumeist nicht wirklich gut und nicht wirklich böse. Ihre gutmütigen oder bitteren Gesichter waren zwar, mit den Gesichtern der Toten verglichen, allesamt grau; es gab aber wahrscheinlich ein paar richtige Böse dazwischen und manchmal auch einen richtig Guten, wie Hermann gewesen war und auch der Besucher sein konnte.
Spengler war von seinem ersten Besuch in Hermanns Haus unruhig weggegangen. Er hatte große Stücke auf Hermann gehalten; er hatte die letzte Woche nach den paar Menschen gesucht, auf die es ihm ankam. Er hatte sie gesucht, wie man in einer Wildnis nach festen Punkten sucht, in einer Wildnis von Verzweiflung und Unschlüssigkeit und Hunger und Müdigkeit. Seit seiner Kindheit, seitdem sein Vater aus dem ersten Weltkrieg zurückgekehrt war, hatte er seine Heimat in allen Farben gesprenkelt gesehen, in Feldgrau und Blaugrau, in Braun und in Schwarz, und jetzt bei seiner eigenen Heimkehr khakifarbig. Die beiden Städte, zwischen denen er aufgewachsen war, erschienen ihm früher uralt und ewig wie Sternbilder. Sie waren jetzt in Grund und Boden gestampft. Wie viele zerbombte Städte er in den letzten Jahren durchzogen hatte, hier war ihm zumute, als seien die beiden Sternbilder zerstoben, die schon bei seiner Geburt geglänzt hatten. Nur der Rhein floß unversehrt durch die zerborstenen Brücken, ob er Türme und Zinnen spiegelte oder den wirren Saum von Geröll und Steinbrocken. Die Leute sahen den fremden Soldaten manchmal verächtlich nach und manchmal gleichgültig, manchmal hoffnungsvoll und

manchmal enttäuscht. Die enttäuscht waren, hatten sich die Befreiung anders vorgestellt. Sie hatten sich vorgestellt, man könnte die Freiheit wie eine Fahne auf einer eroberten Stadt hissen; sie könnten dadurch schlechterdings von allem befreit sein, was sie quälte; nicht nur von dem Druck der letzten zwölf Jahre, auch von dem Druck ihrer dreißig Lebensjahre, von dem Druck von hundert, von tausend Jahren. Sie hatten nicht damit gerechnet, daß ihnen die Befreiung nur etwas Last abnahm, so daß sie einmal aufatmen konnten und ihre Arme recken, damit es weiterging auf dem unerläßlich schweren Weg.

Nachdem Spengler stundenlang zugehört hatte, was besser geworden war und was genauso schlecht blieb, wer an der richtigen Stelle saß und wer an der falschen und tausend erstaunliche Einzelheiten, fühlte er Hunger und Durst nach den wenigen Menschen, die seine Gedanken teilen konnten. Er ging hinauf nach Schmiedheim zu Franz; dort erfuhr er, Franz sei seit Stalingrad als gefallen gemeldet. Er ging nach Kostheim zum Zwetschgenkernchen. In seiner Wohnung lebten Unbekannte, die Frau wohnte längst in Frankfurt bei ihrer eigenen Familie. Er stieß auf den Schanz, den er von früher kannte. Er hatte ihn noch in Erinnerung als einen schnoddrigen, draufgängerischen Burschen, mit dem er oft aneinandergeraten war. Er konnte bei dem kurzen Gespräch keine Veränderung an ihm entdecken. Es schien ihm, trotz der schweren Verwundung lege Schanz Wert darauf, genauso gelassen und hochmütig aufzutreten. Er wußte noch nicht, daß Schanz besonders in seine alte Tonart verfiel, wenn ihn irgend jemand nach Paul oder Hermann fragte. Denn das tat dem Schanz so weh, wie er es gar nicht ausdrücken konnte, so daß er einfach auf die alte Tonart zurückkam, die ihm nun einmal geläufig war.

Zuerst hatte Spengler nicht nachdenken müssen, wen er vor allem wiedersehen wollte; jetzt merkte er, wie allein er war. Er mußte jetzt nachdenken, wen es sich lohnte aufzusuchen. Er ließ die alten Gesichter in Gedanken an seinem Kopf vorbeigehn. Da tauchte schließlich der Kopf des Kreß auf, der zu seiner Zeit Ingenieur gewesen war. Er sah ihn aber nicht vor sich, wie er gewöhnlich ausgesehen hatte, mit schmalen Augen, mit etwas gekrümmtem, dünnem Mund; er sah sein Gesicht in einem einzigen Augenblick von Erregung aufgerissen, vom Ekel und Spott entblößt, wie es niemand sonst sah, nur er, weil er Hermann versprochen hatte, beim Verladen den Ingenieur Kreß genau zu beobachten, wenn dieser die Stichproben machte.

Die Militärbehörde hatte dem Kreß und seiner Familie in einem der unversehrten Werksgebäude Wohnung zugewiesen; sein eigenes Haus war mit dem Stadtteil, zu dem es gehörte, zerbombt. Spengler erfuhr unterwegs, Kreß hätte unter der Besatzung einen guten Platz bekommen. Er sollte auch seinen Posten behalten, wenn das Werk, wie es hieß, in einen anderen Teil des Reiches verlegt würde, Kreß wurde sogar als eines der wenigen Beispiele erwähnt, wo die Wahl der Besatzungsbehörde auf den richtigen Mann gefallen war. Er hörte aus dem Geschwätz heraus, es sei irgendwie durchgedrungen, Kreß hätte doch bis zuletzt mit anständigen Leuten zu tun gehabt.

Der Kreß, bei dem er eintrat, hatte weder das Gesicht, das man gewöhnlich an ihm kannte, noch das Gesicht, das er an jenem Morgen sekundenlang erwischt hatte. Kreß hatte gleichsam noch ein drittes Gesicht, das zwischen dem äußersten, durch Jahre zur Schau getragenen, lag und dem verschlossensten, tiefsten, das einmal aufgerissen war. Er sah nicht spöttisch und nicht erregt aus, sondern verquält und müde. Er fragte Spengler, was ihn herführe. Spengler erwiderte, er hätte im Jahre einundvierzig in der Abteilung Kreß als Verlader gestanden, bis er in die Wehrmacht gekommen sei. Kreß dachte bei sich, der Mann suche ihn wegen Arbeit auf. Er sagte zögernd, es sei jetzt schwer, jemand einzustellen. Spengler er-

widerte, er hätte schon Aushilfsarbeit, er sei auch gar nicht deshalb gekommen. Er beschloß zugleich, Kreß doch nichts von dem wahren Grund des Besuches zu sagen. Er hatte damals nur Hermann seine Wahrnehmung berichten können, er wollte auch hinterher niemand etwas erwähnen, auch Kreß selbst nicht. Er sagte bloß: »Man hat das Bedürfnis, manche von früher wiederzusehen.« Kreß erwiderte: »Wahrhaftig, das hat man; das ist recht von Ihnen.« Und er gab ihm die Hand. Kreß hatte erst später ein Gefühl, als sei er mit diesem Menschen irgendwann bei einer besonderen Gelegenheit zusammengetroffen. Er quälte eine Minute lang sein Gedächtnis. Dann tröstete er sich, er hätte in seiner Abteilung so viele Verlader gehabt, daß er sich nicht jeden einzelnen merken könnte. Spengler ging später noch öfters an den Rhein zu Marie. Er hatte ihr manchmal ein altes Gerät ausgebessert; er hatte dem Jungen die Pfeife fertig geschnitzt; er hatte ihm einen Bissen zugestopft, dem Kind seines toten Freundes und nicht seiner Schwester und nicht seiner Mutter. Obwohl Marie nur wenig sprach und hier nichts anders zu finden war als ihre zaghaften Bitten und das Aufglänzen in den Augen des Kindes, wenn er überraschend eintrat, kam es ihm hier doch besser und lichter vor als woanders. Als stünde er nicht bloß den Hinterbliebenen bei, als könnte er einer Spur des Toten habhaft werden.
Als er an diesem Abend kam, nachdem er sich auf dem Uferdamm von Lotte und ihrem Kind verabschiedet hatte, stand Marie noch auf demselben Fleck. Sie spürte noch den Arm, der sich um ihre Schultern gelegt hatte. Obwohl es inzwischen dunkel im Zimmer geworden war, entging es dem Spengler nicht, daß sie noch bleicher als sonst war. Sie sprachen über die Nachricht von Franz. Marie fing plötzlich zu reden an, so viel und so leicht wie nie zuvor. »Wie würde sich Hermann mit ihm freuen. Er hat am meisten an Franz gehangen. Sie haben sich zwar vor den Leuten

gestellt, als seien sie für ewig verfeindet. Das haben sie nur getan, damit die Leute nicht merken, wie fest sie zusammenhängen. Sie haben dadurch manches zusammen machen können. Zum Beispiel gerade an jenem Tag. Ich habe mich auch gestellt, als ob ich an diese Feindschaft glaubte, so war es leichter für Hermann. Ich habe mich immer so gestellt, als ob ich von nichts wüßte. Ich habe aber immer gewußt, was ihm im Kopf herumging. Ich habe gewußt, mit wem er sich traf und warum. Ich habe bei seiner Verhaftung geglaubt, es sei wegen Sachen, die er viel später gemacht hat. Ich habe ja auch genau gemerkt, wie er wieder anfing, alle zusammenzubringen.
Ich habe aber gewußt, daß er sich ruhiger fühlt, wenn er heimkommt und sich einbilden kann, ich weiß von gar nichts, ich habe nicht die geringste Angst. Ich habe mich aber um ihn gebangt. Ich habe mich aber gestellt, ich sei so geblieben, wie er meinte, daß ich sei. Ein dummes Ding, das nichts ahnt und sich einfach freut, wenn er kommt, damit er sich ausruhen kann. Und viel singt. Denn wie er auch Sorgen hatte, er hat sie immer vergessen, wenn ich ihm vorsang, genau wie mein Kleiner, der dann einschläft. Mir war es nicht zum Singen zumut, verstehst du, ich habe mir aber Zwang angetan.«
Spengler fühlte sein verfinstertes, versteinertes Herz warm werden für die Frau und für den Toten. Er sagte: »Marie, sing doch noch einmal, bitte, mir zuliebe.« – Sie schüttelte lächelnd den Kopf. Sie richtete auf dem Tisch drei Teller, für sich, für den Kleinen und für den Gast. Später fing sie von selbst an, als sie ihre Suppe verlängert hatte und auf das Feuer gestellt. Die kleinen Töne hüpften im dunklen Zimmer herum. Sie fühlte sich selbst getröstet beim Klang ihrer eigenen schwachen, ein wenig rauhen Stimme. Der Junge stapfte draußen die Straße entlang, nach Hause. Weil es daheim kein Licht gab und weil es jetzt still war, stockte er vor der Tür. Dann schob er sich sachte herein.

Agathe Schweigert

Eine Frau namens Helene Denhöfer lebte zu Beginn des Jahrhunderts in der kleinen Stadt Algesheim, nicht weit vom Rhein. Sie hatte von ihrem Mann ein Kurzwarengeschäft am Stadtrand geerbt, das sie ausgezeichnet versah mit Hilfe ihrer Tochter Agathe. Das Mädchen bediente von klein auf die Kundschaft, sobald es die Schulaufgaben beendet hatte.
Die winzige Wohnung lag hinter dem Laden auf den Hof zu. Der Hof war in Gartenvierecke eingeteilt; ihr eigenes zu gießen und zu jäten, war gleichfalls eine der Pflichten des Mädchens. Es hätte wohl sonst noch bläßlicher ausgesehen, noch schwächlicher.
In den Gesprächen von Mutter und Tochter kam nichts anderes vor als die Kundschaft und ihr Bedürfnis an allen Kleinigkeiten, die man Kurzwaren nennt, Bänder und Knöpfe, Nadeln und Litzen und Garne und ähnliche Dinge. Kaum wahrnehmbare Veränderungen in Herstellungsart und Mode waren ein Grund zu Erörterungen, ja zu Kopfzerbrechen, damit man schnell, aber mit ein paar Pfennigen Vorteil das Gewünschte verkaufe.
Die Kundschaft vergrößerte sich bei soviel Eifer und damit der Umsatz, freilich stets den bescheidenen Waren entsprechend. Dazu kam, daß sich mit den Jahren ein paar neue Straßen um den ursprünglichen Stadtrand legten. Eine Konservenfabrik war entstanden, ihre Spargel und Erbsen waren bekannt. Bahnlinien berührten Algesheim; das Städtchen erhielt einen neuen Rangierbahnhof. Bald bildeten mehrere Häuserblocks, meistens von Eisenbahnern und Eisenbahnarbeitern bewohnt, ein Anhängsel mehr als einen Vorort. Frau Denhöfer war zu allen freundlich, wenn sie auch im Herzen die alten Käufer bevorzugte, Handwerker, Geschäftsleute wie sie selbst und kleine Beamte.

Agathe freute sich auf die Schulentlassung, denn in Zukunft konnte sie ohne Behinderung der Mutter im Laden helfen.

Da im selben Sommer der erste Weltkrieg ausbrach, schien ihre Hilfe fast unerläßlich. Die Stadt war voll Soldaten, Tag und Nacht fuhren Truppentransporte über die Rheinebene nach Frankreich. Mit den Fahnen und mit der Marschmusik kam eine neue, hitzige, unbekannte Geschäftigkeit über ganz Algesheim, selbst über Frau Denhöfer. Fremde Menschen in Uniformen, alte Bekannte, die aber in Uniformen völlig verändert schienen, forderten ihren Bedarf an Knöpfen und Litzen und Garnen, goldenen und silbernen, an aller Art Kurzwaren, die mit Uniformen zusammenhingen, mit vaterländischen Festen und auch schon mit Trauerkleidern. Frau Denhöfer, in ihrem Geschäft von jeher gefaßt auf Veränderungen, ließ sich nicht so leicht schwindelig machen. Sie hob einen Notpfennig auf und auch ein kleines geheimes Warenlager, falls der Notpfennig schmelze. Und Agathe vertraute der Mutter. Sie sprach im gleichen eifrigen Ton mit den Käufern über Siege und über Generäle, und nach der Marneschlacht sprach sie beklommen.

Als mit den Niederlagen der Hunger kam, schien es zuerst, Frau Denhöfer und ihre Tochter seien an Einschränkungen gewöhnt, die neuen könnten ihnen nichts anhaben. Von einer Hamsterfahrt in die Dörfer bei frostigem Herbstregen kam aber Frau Denhöfer mit einem für ihre Kleinheit und Magerkeit erstaunlich wilden Husten zurück. Daraus entstand Lungenentzündung; sie starb.

An dem Leben der Tochter war dadurch nicht viel verändert. Die dünne, aber bis in die Todesstunde hartnäckige Stimme der Mutter fehlte ihr abends beim Kassemachen. So sehr glich die schmächtige, zuerst schwarz, dann grau gekleidete Agathe ihrer Mutter, sie war so eifrig und aufmerksam, daß auch die Käufer keine Veränderung merkten. Sie vergaßen manch-

mal den Tod der Mutter und sagten Frau Denhöfer statt Fräulein Denhöfer.
Agathe selbst schien immer weiter von denselben Sorgen und Mühen bedrängt. Sie öffnete, als die schwerste Notzeit gekommen war, die von ihrer Mutter für diesen Fall vorbereitete Kiste. Jetzt konnten die Leute schlechterdings jeden Lappen verwerten. –
Manchmal humpelte auf Krücken ein Landsturmmann namens Schweigert in den Laden. Seine Frau war an Grippe gestorben. Sie hatte die Nachricht von seiner schweren Verwundung noch empfangen, seine Heimkehr hatte sie nicht mehr erlebt. Schweigert sah düster aus, das mühsame Gehen auf Krücken war ihm zuwider. Sein bißchen Essen machte er sich allein zurecht in der einsamen Küche. Er war Eisenbahner gewesen, ein guter Kollege, hilfsbereit, witzig. Er sehnte sich wohl noch immer in seinem Herzen nach etwas Glück. Die Einsamkeit fraß an ihm. Obwohl ihm das Gehen schwerfiel, zerlegte er jeden kleinen Einkauf in winzige Kleinigkeiten. Statt ein halbes Dutzend Knöpfe, kaufte er dreimal zwei Knöpfe. Vor Ladenschluß kam er wieder: Die Nähnadel sei ihm zersprungen. Rangieren, das hätte er gelernt, aber Knöpfe annähen falle ihm schwer.
Agathe nähte ihm, ohne zu lächeln, zwei Knöpfe fest. Und er sah erstaunt ihren weißen glasfeinen Fingern zu. Seine Frau war gutmütig und vergnügt gewesen, aber breit und lärmig.
Die letzten Niederlagen, die Oktoberrevolution in Rußland, die Flucht des Kaisers nach Holland, die Gründung der Weimarer Republik, der Einmarsch der Franzosen, die Kämpfe in Berlin und an der Ruhr – das alles gab Anlaß genug zum Grübeln und Fragen und Streiten. Überall und in Algesheim. Niemand kümmerte sich darum, daß Agathe Denhöfer den Franz Schweigert geheiratet hatte.
Es sollte auch niemand erfahren, ob diese Ehe schlecht oder mittelmäßig oder besonders glücklich geworden

war. Denn sie war sehr kurz, und fast jeder Mensch trug damals sein eigenes, fast unerträgliches Kriegsleid. Franz Schweigert starb, wie ihn auch Agathe pflegen mochte, an den Folgen seiner schweren Verwundung.

Sie besorgte emsig wie vorher ihr Geschäft. Darin schien nichts verändert zu sein, bis auf die Anwesenheit des Kindes, ein stilles, sauberes Büblein. Bei jedem Sonnenstrahl schlug ihm Agathe den Stall, den noch Schweigert gebastelt hatte, im Hof auf. Sie gab ihm zum Spielen Reste von Litzen und goldene und silberne Knöpfe, an denen kein Bedarf mehr war. Manche Käufer verwechselten immer noch Agathe mit ihrer Mutter, Frau Denhöfer. Und sie hielten das Kind für den Enkel. Es kam auch manchmal vor, daß ein Fremder die schmächtige Agathe für ein Schulmädchen hielt und das Kind für ihren kleinen Bruder.

Sie rechnete so genau wie ihre Mutter ihr's beigebracht hatte. Die Inflation hatte den Notpfennig verzehrt, Agathe begann von neuem zu sparen. Sie übernahm verschiedene Handarbeiten, ob Stricken, ob Stopfen, ihr war es gleich. Ganz langsam kam wieder etwas zusammen. Sie brauchte das Geld für den Sohn, der sollte etwas Besonderes werden, sie wußte noch nicht genau was.

Bisweilen kam ein Gerücht von der Ruhr her oder aus Sachsen, von Hamburg oder von München. Sie kannte sich weder in der Zeit aus noch in dem Land, in dem Algesheim lag. – Einmal, frühmorgens, als sie vor Geschäftsbeginn ihr Ladenfenster säuberte, führten Polizisten einen wilden, immerzu in die Dämmerung schreienden Burschen an geketteten Händen zum Bahnhof, den Stadtrand entlang, damit die Begebenheit keine Wellen schlage. Agathe Schweigert war ganz verstört, ihr kam es vor wie ein böser Traum. Sie sagte nichts davon zu ihren Käufern, da diese auch nichts sagten.

Im selben Jahr saß ihr Sohn Ernst in der Schulbank, mit seinem blankgebürsteten Scheitel, mit seinen klugen Äuglein. Sie war fast enttäuscht, wie gut ihm die Veränderung schmeckte. Er spielte bald nicht mehr in ihrem Hofviereck, sondern in fremden Höfen. Er lernte leicht. Ein Freund, den er sich in der Schule zugelegt hatte, war ihr lästig.
Reinhold Schanz hieß der Freund. Ein grober Bengel. Er war das jüngste von vielen Geschwistern. Sein Vater hatte mit dem Schweigert auf dem Rangierbahnhof zusammen gearbeitet; das bedeutete viel für Ernst. Der Mutter aber war diese Familie Schanz fremd, ja befremdlich geblieben. Auch kaufte Frau Schanz von jeher in einem der anderen Geschäfte, die sich inzwischen in Algesheim aufgetan hatten.
Wenn Reinhold pfiff, war es um Ernst geschehen. Er sprang weg, oder er schlich sich weg durch fremde Höfe, zu ungelegenen Zeiten. Wenn er schließlich heimkam, war es schon dunkel, denn sie waren bis zum Rhein vorgedrungen. Das war es, was beide lockte, weil alles erst richtig am Ufer anfing, was überhaupt etwas wert war. Ernst begann nach seiner verspäteten, mit Besorgnis erwarteten Heimkehr rasch von ihren Erlebnissen zu erzählen. Dann ging auch der Schatten weg von dem Gesicht der Mutter, der ihn verwirrt hatte wie einstmals seinen Vater der Schimmer auf demselben Gesicht. Die Schweigert vergaß beim Zuhören all die ausgestandene Angst; ihr schien es, den Jungen seien Dinge begegnet, die Angst und Warten wettmachten. Sie hatten in dieser kurzen Zeit Schiffe und Menschen gesehen, die die Schweigert selbst niemals zu sehen bekam. Wann hätte sie auch die vielen Stunden Weg zu Fuß oder mit der Bahn zum Rhein machen sollen, wozu? Mit wem? Drei Schulausflüge in ihrer Kindheit waren verweht mit dem Staub jener heißen Sommertage. Ihr Mann war Invalide gewesen, ihre Mutter hatte bloß Geschäftsfahrten unternommen und zuletzt die tödliche Hamsterfahrt.

Ernst, während er gierig verschlang, was Agathe ihm vorgesetzt hatte, erzählte, bis in ihren Augen die Trauer völlig verschwunden war.
Trotz aller Abenteuer gelangen ihm seine Schulaufgaben, er wurde ein ausgezeichneter Schüler. Der Klassenlehrer kam eines Tages zu Frau Schweigert und sagte, der Junge sei für die höhere Schule geeignet, was ihr keine anderen Kosten verursachen würde als die für Bücher und Hefte.
Zu groß war die Freude, das Ziel geheimer Wünsche zu nahe gerückt, als daß sie sich gescheut hätte vor ein paar Lasten und Mühen mehr.
Die Anschaffungen waren, wie es sich zeigte, gar nicht einfach. Sie übernahm alle möglichen Nebenaufträge: Knopflöchernähen, Kunststopfen. Ernst brachte ihr gute Zeugnisse auch aus der neuen Schule.
Es war eine Enttäuschung, daß er den Reinhold Schanz, obwohl dieser nur acht Schuljahre machte, keineswegs aufgab. Er besuchte ihn erst recht, weil es lustig zuging unter so vielen Geschwistern und auch weil der Vater Schanz ihm mancherlei seltsame Vorkommnisse aus der Zeit seines Vaters erzählte.
Für die Familie Schanz war es, als die Krisenzeit kam, unmöglich, das Lehrgeld für den jüngsten Sohn, den Reinhold, aufzubringen. So kam er denn schließlich doch noch von Algesheim weg in eine Nachbarstadt, in die Werkstatt irgendeines Verwandten.
Da die Kundschaft durchweg ihre Einkäufe erschreckend herunterschraubte, verdiente die Schweigert das Geld für Schuhe und Kleider und auch für die vielen Schulbücher vor allem durch Nachtarbeit. Ernst stieg vergnügt und ganz leicht von einer Klasse zur anderen. Er las ihr oft etwas vor mit seiner eindringlichen Stimme, und was sie hörte, auch wenn sie es nicht völlig verstand, erschien ihr all die Nachtarbeit wert.
Bei den Gesprächen über den Ladentisch verhielt sie

sich still; sie wurde ohnedies nicht schlau aus den Meinungen. Über den Reichstagsbrand wurde von ihren Käufern kopfschüttelnd, erstaunt, manchmal mit einem gewissen Unglauben berichtet. Doch bald klang in vielen Gesprächen die Hoffnung auf eine Veränderung, auf feste Arbeit und reichlich Essen.
Agathe Schweigert hatte für Hitler so viel und so wenig übrig wie vormals für Kaiser Wilhelm oder den Präsidenten Ebert. Nur ihr Sohn Ernst ließ dann und wann eine spitze Bemerkung fallen, die von dem Vater Schanz stammen mochte, auf dem Umweg über Reinhold, den er, wie sich dabei erwies, immer noch hin und wieder traf. Obwohl ihr Reinhold zuwider war, horchte sie unbewußt auf die Meinung des Vaters. War der doch der einzige Mensch, von dem sie annehmen konnte, daß er ihrem Mann einstmals nahegestanden hatte. Sie brachte es aber nicht über sich, so wenig wie sie so was als Kind vermocht hätte, ihn anzusprechen, ihm Fragen zu stellen.
In ihrem kleinen Geschäft war eine Belebung spürbar. Sie erschrak, wenn Ernst ihr unbedacht die Meinung des Schanz wiederholte, das sei für die Katz, man werde schon sehen, was nachkomme. Es war ihr leid, daß sie nicht immerzu bis ins kleinste den Ratschlägen ihrer Mutter gefolgt war. Dann hätte sie sich eine Kiste mit Borten und Litzen und Tressen und Garnen aufbewahrt, die sie als unverwertbar zum Teil verschludert hatte. Wieviel weißes Zeug, sogar weißes Band war von einem Tag zum andern verlangt worden – in den Schulen hatten die Lehrerinnen aus den Fahnen die gelben Streifen herausgeschnitten und durch weiße ersetzt. Was ihr an den regen, beinahe erregten Bestellungen von allerlei Stücken in vorgeschriebenen Farben und Mustern wichtig dünkte, war die Möglichkeit, wieder ein bißchen Geld zurückzulegen. Ernst hatte unterdes sein Abitur gemacht. Er sollte in Frankfurt am Main Deutsch und Geschichte studieren, um Oberlehrer zu werden. Sie war über

diese Aussicht glücklich und über den Abschied voll Kummer.
Die Briefe, die zuerst regelmäßig kamen, hielten sie aufrecht hinter dem Ladentisch und auch ein gewisser Stolz, daß ihm das Studium nur möglich war, weil sie ihr kleines Geschäft unerbittlich versah. Sie las sich seine Briefe abends vor, und dabei entstanden in ihrem Kopf die Menschen und Orte, die er beschrieb.
Bei seinem dritten oder vierten Besuch kam er ihr nicht mehr so fröhlich wie früher vor. Sein Gesicht war verärgert, es wurde ganz blaß vor Zorn, als er richtig sah, was die Mutter in ihrem Laden verkaufte, all das Zeugs, bestickt und bedruckt mit großen und kleinen winzigen Hakenkreuzen. Er schimpfte zwischen den Zähnen. Sie sagte erschrocken: »Wenn ich nichts verkaufe, wie kannst du sonst weiterlernen?« Als er sich verabschiedete nach einem abgekürzten, bedrückenden Aufenthalt, gab sie ihrem Bedürfnis nach und strich ihm über sein schönes dichtes Haar. Er sah sie traurig erstaunt an. Sein Mund war gleich darauf wieder bitter.
Seine Briefe kamen bald seltener, sie wurden knapper und frostiger. –
Eines Abends, es war schon spät, hörte sie einen leichten Sprung in ihr Gartenviereck, jemand drückte die Klinke der Hoftür herunter, sie fuhr freudig hoch, weil sie dachte, das könne nur Ernst sein. Es war aber Reinhold Schanz. Ihr kam er noch rauher als früher vor. Er sagte: »Hier ist ein Brief von Ihrem Sohn. Bitte tun Sie, was drin steht.«
Ernst Schweigert schrieb: »Liebe Mutter, gib meinem Freund Reinhold das Geld für das nächste Semester. Hoffentlich hast Du's greifbar. Gib ihm auch meinen Wintermantel und meine alten zwei Hemden, selbst wenn sie noch nicht geflickt sind. Ich danke Dir sehr, liebe Mutter, Dein Ernst.«
Frau Schweigert sagte: »Warum nur?«, und Reinhold

Schanz sagte: »Er ist in Gefahr, und er muß schnell weg.«
Frau Schweigert fiel der Mann mit geketteten Händen zwischen zwei Polizisten ein, den sie einmal frühmorgens erblickt hatte. – Das Geld war zur Hand; es war ja die Woche, in der sie es abzuschicken pflegte, und sie tat dazu, was in ihrer Tageskasse war; in die Manteltaschen steckte sie Socken, und sie machte mit ihren geübten Fingern sehr schnell ein Wäschepaket. Sie fragte: »Wieso in Gefahr?«, und Reinhold Schanz antwortete: »Die haben was gegen Hitler verteilt, ein paar Studenten.« Er versuchte den Mantel anzuziehen, der war ihm aber zu eng und zu kurz, so nahm er ihn über den Arm, und das Geld steckte er ein, und das Paket klemmte er unter die Achsel. Er nickte dankend. Er sagte noch: »Wenn jemand fragt, ich war gar nicht hier.« Dann ging er rasch fort.
Die Schweigert löschte das Licht. Sie saß im Dunkeln und horchte, als ob die Nacht ihr mehr erklären könnte als Reinhold Schanz.
Am nächsten Morgen war es gut vor den Augen der Käufer, daß sie von jeher nur wenig sprach und immer bläßlich und kränklich aussah. Von der Nachtwache war ihr nichts anzumerken und auch von der nächsten nichts und von der übernächsten. Sie war erst beruhigt, als ein Zettel unter die Hoftür geschoben wurde: »Alles ging gut, er ist weg.«
In derselben Woche kamen zwei von der Staatspolizei, die fragten sie, wo ihr Sohn sei. Sie sah sie traurig an mit ihren müden und grauen Augen und erwiderte: »In Frankfurt, wo er studiert.« Schließlich, nach bohrender Befragung und aller Art Quengelei, ließ man die Frau in Ruhe. Die kam ihnen gar zu dümmlich vor.
Sie versah wie in der Vergangenheit ihr Geschäft, nur war sie jetzt vom Warten verzehrt, die Zeit schien ihr aus Schubladen zu bestehen, die sie andauernd öffnen und schließen mußte. Vor Uniformen war ihr nicht

bang, weder vor braunen noch vor schwarzen. Sie hatte ja von klein auf mit den tausend winzigen Kleinigkeiten zu tun gehabt, die unerläßlich waren zu ihrer Anfertigung. Wenn einer, was jetzt häufig geschah, großspurig ihren Laden betrat, würde er wohl so ein winziges Bestandteilchen fordern.

Ihr Ernst schrieb endlich aus Paris. Die Stadt sei wunderbar, und er könne ganz gut die Sprache verstehen, und er hätte alte und neue Freunde. Sie dachte: Jetzt muß er was anderes lernen, aber er lebt. Sie haben ihn nicht gefangen. – Saß sie abends in ihrem Hofzimmer, las sie, was Ernst inzwischen geschrieben hatte, sie überdachte auch, was er ihr gesagt hatte bei seinem letzten Besuch. Sie sah sein schönes Haar, seinen bitteren Mund. Und sie hörte den verächtlichen Ton in seiner Stimme, als er über den Krimskrams schimpfte, den sie verkaufen mußte. Jetzt erst recht. Algesheim war ja wieder voll von Soldaten, seit die Wehrmacht auf der Rheinebene lag.

Was sie furchtbar erregte, war die Rücksendung eines Briefes mit dem Vermerk »Adressat unbekannt«. Sie zerwühlte ihr Bett in den kommenden Nächten, oder sie legte sich gar nicht schlafen. Ihr Warten war aber völlig fruchtlos, es gab keinen Boten, der eine Nachricht durch die Türspalte schob. Sie nahm alle Briefe des Sohnes wieder und wieder vor, viele waren es nicht. In einem Brief stand, vielleicht würde sie eine Zeitlang nichts von ihm hören. Doch diesem Brief war noch einer gefolgt. Ihr blieb nichts anderes übrig, als in die öde Zeit hineinzuwarten.

Als sie nachts wiederum einen Brief nach dem anderen vornahm, stutzte sie über den Stempel »Toulouse« auf einer Briefmarke. Der war ihr zwar gleich aufgefallen, da ihr nichts in und an seinen Briefen entging, jetzt begann sie darüber nachzudenken. Auf den Briefbogen war »Grappe d'Or« gedruckt. Wenn Ernst nicht mehr am alten Ort war, war er vielleicht in

dieser Stadt, vielleicht in der »Grappe d'Or«, sicher war er einmal dort gewesen, hatte dort an einem Tisch nach Algesheim geschrieben, jemand mußte ihn dort kennen.
Ihr Gesicht flog rot an vor Nachdenken, und ihre Augen glänzten. In ihrem Innern hatte sich ein Entschluß zu regen begonnen.
Es fiel niemand auf, daß sie gesprächiger wurde, auch nicht, daß sie achtgab auf die Gespräche im Laden. Von jeher hatte ihr unter den Käuferinnen ein altes Fräulein gefallen, das in der ersten Schulklasse ihren Sohn unterrichtet und ihn beim Einkaufen manchmal gelobt hatte. Als das Fräulein atemlos bei Geschäftsschluß noch etwas kaufte, faßte sich die Schweigert ein Herz, sie versuchte sich im Schwatzen über dieses und jenes, ihr Erröten verbarg sie im Suchen und Ordnen. – Ihr Zutrauen wurde rasch belohnt; denn als sie sich überwand und fragte, was es mit der Weltausstellung in Paris auf sich hätte, über die sie oft reden höre, wußte die Lehrerin Bescheid. Ihr Bruder besaß einen Freund, auch ein Lehrer, der fahre hin, alles sei verbilligt, Reise und Aufenthalt, alles sei darauf zugeschnitten, sogar die Behörden hierzuland erlaubten diese Reise.
Da dem Fräulein die Absicht des Freundes ihres Bruders bemerkenswert dünkte, brachte sie ganz von selbst bunte Prospekte und erklärte sie weitschweifig, wie es sich für eine Lehrerin gehörte. Und die Schweigert horchte so aufmerksam, ihre Fragen waren so genau, daß die Lehrerin lächelnd bemerkte: »Frau Denhöfer« – sie hatte sich nie an den Namen Schweigert gewöhnen können –, »mir kommt's vor, Sie wären auf einmal reiselustig?« – »Kann schon sein«, erwiderte Agathe, gleichfalls lächelnd mit ihrem blassen Mund.
Verschiedene Vorbereitungen hatte sie gleichlaufend mit den Erkundigungen betrieben. Sie hatte sich einen kleinen Handkoffer angeschafft und ihre Ersparnisse abgehoben.

Als in Algesheim eine milde Sommernacht endete, die Sterne waren fast verblaßt, und einige Straßen waren noch farblos im Morgengrauen, in den Fensterscheiben am äußersten Stadtrand funkelte schon die Sonne, die über der Rheinebene aufging, verschloß sie ihr Kurzwarengeschäft. Sie trug die Schlüssel zur Aufbewahrung in die Wohnung der alten Lehrerin. Es war erleichternd, daß auch der Freund des Bruders zuerst nach Frankfurt am Main fuhr, so daß sie sich dort beide zum französischen Konsul begeben konnten.
Im stillen hatte sie nur darum gefürchtet, ob ihr die Heimatbehörde den Paß ausstellen würde. Doch seit der fluchtartigen Abfahrt des Sohnes waren schon fast zwei Jahre vergangen; der neue Beamte hatte sie gar nicht gekannt, er hatte nur ihren frischen Fragebogen besehen, der glatt und sauber ausgefüllt war.
Sowohl die Fahrt über die Rheinbrücke wie der verzwickte Weg vom Frankfurter Bahnhof zum Konsulat und wieder zurück und ihre nächtliche Fahrt nach Frankreich mit den Kontrollen auf beiden Seiten der Grenze ließ sie ohne besonderes Staunen, ohne Erregung über sich ergehen. Denn sie hatte schon im voraus daheim alle möglichen Reisevorfälle durchgehechelt, ihr Kopf war jetzt zu müde zum Denken und ihr Herz zum Erregen, sie war ihres Zieles sicher geworden. In dem vollen Abteil war sie ein Krümelchen unter kräftigen, lebhaften Menschen. Ein schönes, schwarzäugiges Kind, das nicht mehr stillsitzen konnte, sobald es in Frankreich Tag war, riß sich den Rock ein zum Ärger seiner Mutter. Die Schweigert griff ihr Nähzeug und stopfte den Riß; das Kind war endlich still vor Verwunderung.
Sie konnte kein Wort mit den Fremden sprechen, doch wurden ihr diese zum Beistand am Ostbahnhof von Paris. Der Plan der Schweigert war, hier zuerst in das Haus zu fahren, in dem ihr Sohn gewohnt hatte; die fremde Frau setzte sie in den Autobus und

reichte ihr den Handkoffer und sagte noch einmal: »Merci.«
Sie fand das kleine Hotel auf dem linken Ufer der Seine. Zuerst war die Wirtin unfreundlich, sie musterte verdrießlich diese hagere Fremde. Die war kläglich dran an Kleidung, Aussehn und Worten. Doch als Agathe ihren Familiennamen aufschrieb, erinnerte sich die Wirtin an den Sohn, sie rief: »Ah, Ernest!«, aufrichtig erstaunt, daß solch dürftiges Wesen so einen lustigen, hübschen Burschen zur Welt gebracht hatte. Ihr war es selbst leid, daß er fort war, warum und wohin, das wußte sie auch nicht. Ein Mieter, der deutsch verstand, war gerufen worden. Zu dritt beratschlagten sie, Agathe zeigte den Briefumschlag aus Toulouse, man meldete auf ihre Bitte eine Verbindung am Telefon mit der »Grappe d'Or« an.
Sie nagte, wartend, ein wenig an ihrem Reisevorrat. Bald gab niemand mehr auf sie acht. Sie kraulte die Katze der Wirtin. Ihr Herz fing heftig zu klopfen an, als stünde ihr etwas Besonderes bevor. Als das Telefon läutete, war ihr Sprung so jäh, daß die Katze von ihren Knien fiel und sich wütend sträubte.
Am Telefon in Toulouse erklang eine Männerstimme – vielleicht der Wirt der »Grappe d'Or«. Die Schweigert rief mehrmals den Namen des Sohnes, dazwischen rief sie: »Sa mère, seine Mutter!« Auf einmal schien es ihr, der Wirt in Toulouse hätte etwas begriffen, sie hörte ein Stimmengewirr, als frage er in das Zimmer zurück, und man gebe ihm einen Bescheid, und man berate hin und her. Dann kam eine andere Stimme, die irgendwie deutsch sprach: »Er ist nicht mehr hier, ich kann Ihnen nicht mehr sagen. Sie kommen her? Wann? Morgen schon?«
Die Schweigert seufzte, sie hatte geahnt, sie müsse bis nach Toulouse, und wenn sie es mußte, dann gleich.
In Algesheim hatte sie immer wieder versucht, sich etwas vorzustellen unter der Stadt, die ihrem Sohn überaus gut gefiel, es war ihr nicht gelungen. Jetzt,

zwischen den Bahnhöfen von Paris, sah sie, durcheinandergeschüttelt, all die Bilder, die er in Briefen beschrieben hatte. Sie brauchte sich nichts mehr vorzustellen, sie brauchte sich auch nichts einzuprägen. Selbst in Gedanken wollte sie keine Sekunde verlieren. Sie fragte sich zum Billettschalter durch, sie wagte es kaum, einen heißen Kaffee zu schlucken, und im Zug wagte sie kaum zu schlafen.
Beißend hell war der Morgen in Toulouse. Manchmal tappte die Schweigert blind vor Erschöpfung die weiße Mauer entlang. Manchmal setzte sie sich auf ihren Koffer. Zum Glück war es beinahe dunkel, ja kühl in der Gasse, in der die »Grappe d'Or« lag. Über der Tür und über den Fensterrahmen standen, wenn auch verwaschen, abgebröckelt, die Buchstaben, die sie vom Briefbogen kannte. Der Wirt betrachtete sie verwundert und mitleidig, auch mit ein wenig Belustigung. Er war fest und breit, und er hatte einen Schnurrbart. Und kümmerlich war die fremde Frau, aber sie war die Mutter des Jungen, der vor kurzem sein Gast gewesen war. Und er ließ den Mann rufen, der ihr gestern am Telefon auf deutsch geantwortet hatte.
Er erschien sofort, sogar atemlos. Er war jung, vielleicht so alt wie Ernst, mager und lang, sein Blick war gut – er rückte neben die Schweigert, um Auge in Auge mit ihr zu sprechen. Er nahm ihre Hand und strich ihr beruhigend über den Arm und hörte sich zuerst an, was sie von der Reise erzählte. »Ernst Schweigert war hier«, sagte er, »aber er ist nicht mehr hier. Sein letzter Brief ging vielleicht verloren. Er ist nach Spanien.« Frau Schweigert starrte ihn an, und wie sie fragte: »Wieso? Warum?«, begriff er, daß diese Frau mit seiner Auskunft nicht das geringste anfangen konnte. Und wie er sich auch anstrengen mochte, warum er selbst und seine Freunde, darunter Ernst Schweigert, in Internationalen Brigaden für die Spanische Republik zu kämpfen beschlossen hätten, wie

er auch nach Worten suchte, um etwas davon zu erklären, er sah in dem fahlen Gesicht der Schweigert nur eine quälende Anstrengung, ein einziges Wort zu begreifen. Sie fragte immer wieder: »Wieso? Warum?« Zuletzt nicht einmal mehr mit der Stimme, die krank und heiser geworden war, nur mit den Lippen. Schließlich preßte sie den Mund zusammen, ihre blaugrauen Augen, die er dicht vor sich hatte, waren sehr hell geworden, fast weiß, ihre Pupillen winzig, als sehe sie in ein Licht. Sie zog den Arm unter seiner Hand weg und stand auf und sagte: »Da geh ich hin.« Er fragte, was sie dort anfangen wolle. Jetzt war sie es, die ruhig und geduldig erklärte, sie wolle ihren Sohn sehen, und als er behauptete, das sei unmöglich, erwiderte sie, doch, sie würde sicher nach Spanien fahren, wohin sie sonst fahren solle? Sie sprach in entschiedenem Ton, und er fragte sie schließlich etwas härter, was sie denn dort zu tun gedächte, um nicht der Spanischen Republik zur Last zu fallen. Herumhocken, ein hungriges Maul mehr und warten, warten? Da kam er schön an. Sie erwiderte gleichfalls härter, sie sei noch nie im Leben jemand zur Last gefallen, sie verstehe sich beinah auf jede Art Arbeit, Kriegszeit hätte sie auch schon erlebt, am Rhein kenne man so was, waschen und scheuern und stopfen und nähen und pflegen sei sie gewohnt. Nur, er müsse ihr helfen, diese Fahrt zu bewerkstelligen.
Inzwischen hatte der Wirt den Tisch gedeckt, er hatte Wein und Brot gebracht; wenn er die Sprache auch nicht verstand, er hörte die große Erregung heraus, und er dachte, seine Fischsuppe könne nicht schaden. Sie aßen und tranken zu dritt, beide betreuten die Schweigert, wie nie Menschen zuvor sie betreut hatten. Eine große Bangnis und ein großer Trost kamen zusammen in diesem Haus.
Der nächste Morgen erschien ihr nicht mehr so grell und heiß. Auch kam, wie er versprochen hatte, pünkt-

lich der lange und magere Mensch, der über Ernst Bescheid gewußt hatte. Er führte sie durch die Stadt über einen weiten Platz, der gefegt war von Sonnenstrahlen, in eine Gasse, so eng und düster wie die Gasse der »Grappe d'Or«. Er sagte, hier sei das Haus, in dem man ihre Sache beraten würde. In engen Zimmern, die sie als eine Art Amt erkannte, mit Regalen und Pulten, schrieben und wühlten einige Männer und Frauen, die riefen sich Worte zu in verschiedenen Sprachen. Eine Frau sprach auf deutsch lange und leise mit dem Begleiter der Schweigert. Streng sah die Frau aus, sie trug eine Brille, darum dachte die Schweigert an die Lehrerin in Algesheim, bei der sie die Ladenschlüssel gelassen hatte, wie man an eine Traumperson denkt, das Schlüsselbund war so groß und wichtig wie das Gesicht mit der Brille.
Auf einmal drehte sich diese Frau zu ihr hin, sie fragte streng, was die Schweigert wolle und könne. Die Schweigert erwiderte klar und entschieden, sogar mit einem gewissen Stolz. Die bebrillte Frau, nicht unfreundlich, aber nüchtern und aufmerksam, gab ihr zuletzt einen Fragebogen, wie man einen auf jeder Art Amt den Leuten gibt.
In der folgenden Zeit gewöhnte sich die Schweigert daran, in einem Café unter den Arkaden im Schatten zu sitzen und den großen Platz zu betrachten. Der Wirt der »Grappe d'Or« war ganz verwundert, als sie rechtzeitig vor der Abreise ohne Zögern genau bezahlte. Und er stieß mit ihr an, und er betrachtete sie noch einmal erstaunt und mitleidig wie bei ihrer Ankunft, aber ohne Belustigung. Sie hatte Vertrauen zu ihm gefaßt und überließ ihm zur Aufbewahrung einen Rest ihres Geldes. –
Dicht vor der spanischen Grenze erkannte sie drei, vier Menschen wieder, die im selben Zug mit ihr gefahren waren. Ihr Herz war dumpf in dem langen Tunnel unter der Erde, der nach Spanien führte. Ihre Begleiter, meistens so jung wie ihr Sohn und der ma-

gere lange Mensch von Toulouse – aber es gab auch einen weißhaarigen, der mindestens so alt wie sie selbst war, und es gab auch ein blutjunges Mädchen –, nahmen sich ihrer an, als hätten sie sich's untereinander ausgemacht, trugen abwechselnd ihren Handkoffer, obwohl alle selbst beladen waren. Die Schweigert wunderte sich noch immer, wie sich solche fremden Menschen durch Gesten und Worte ständig miteinander verbanden. Auch sie wandte sich schließlich an diese Leute, als hätte sie lange zuvor unter ihnen gelebt, aber in Wirklichkeit hatte sie niemals unter solchen gelebt wie die, die mit ihr in dem dumpfen Tunnel auf die spanische Seite gingen.

Sie sah erstaunt, ohne Ängstlichkeit an dem Soldaten hinauf, der mit einem harten Gesicht unter der Fahne rot-gold-violett ihre Papiere prüfte. Er hatte eine Furche zwischen den Brauen, und er sah kurz herunter auf das Gesicht der Schweigert, das auch eine Furche hatte zwischen den Brauen. Nicht mehr fassungslos, aufs Geratewohl, sondern fest überzeugt, sie könne, wenn sie nur unumwunden darauf bestünde, ihr Ziel erreichen, gelangte sie schließlich durch viele Kontrollen nach Barcelona.

In der deutschen Abteilung der Interbrigaden erfuhr sie den Standort des Regiments, zu dem ihr Sohn gehörte. Sie schrieb ihm: »Jetzt bin ich hier.«

Man beriet noch, welche Arbeit man dieser Frau zuweisen könne, als eine Nachricht vom Regiment kam, der Sohn läge mit einem Streifschuß im Lazarett in Albacete. Man gab ihr zu dem Passierschein einen Brief, sie könne nach ihrer Ankunft eingesetzt werden an Ort und Stelle.

Im Zug, im Lastwagen, nie kam es ihr vor, als fahre sie weiter und weiter fort, vielmehr war sie des Glaubens, sie sei bald angelangt. Jeder Aufenthalt war ihr quälend. Nur, manche Nacht lag sie im Freien, sie sah in den ausgestirnten Himmel. Dabei vergaß sie das Warten hier unten. Sie hatte noch nie so viele, so funkelnde Sterne gesehen. Sie hatte nur einmal in Algesheim am Ende der Nacht die letzten paar Sterne gesehn, verblassende, kümmerliche, als sie endgültig wegfuhr. Hier gab es wohl immer nachts solchen Prunk. Und dann, auf der Fahrt, die violetten Berge! Und Dörfer in Felsspalten! Und eine Ebene, so froh, als sei nichts anderes als Sonne möglich! Und weiche, waldige Berge und Meer – alles kam, wenn man die Ladentür hinter sich abschloß! Oft zeigte sie ihren Passierschein vor, ganz froh, wenn man ihn forderte, sie spürte jedesmal Stolz und Genugtuung. Im Lastwagen oder im vollen Abteil, immer fand sich noch ein schmaler Platz, mehr brauchte sie nicht. Allerorts waren Soldaten und Bauersleute und selbst die Kinder heftig erregt. Manchmal blieb ein Blick an ihr hängen, ganz betroffen, manchmal schlang plötzlich jemand den Arm um ihre Schulter und rief ihr, als sei sie taub, das Wort »Teruel« ins Ohr. Es klang oft in den Gesprächen, »Teruel«, »Teruel«. Ob es ein Mensch oder ein Ort war, wußte sie nicht. Und immer wieder zeigte sie ihren Passierschein mit Stolz und mit strenger Miene.

Das Krankenhaus war vordem ein Schloß gewesen und der Park ein Schloßpark. Sie sah beklommen dahin und dorthin. Einige Soldaten übten sich auf Krücken, mit zusammengebissenen oder lachenden Zähnen. Andere lagen, dick verbunden, im Schatten. Von ihrem Sohn wußte sie nur: ein Streifschuß. Nicht schwer. – Was hatte das zu bedeuten? Sie besaß ihre eigenen Erfahrungen von unheilbaren Wunden. Jetzt, da ihr Ziel erreicht war, fing ihr Herz erst an, sie mit schweren Schlägen zu warnen. Sie stieg die große weiße Treppe hinauf mit ihrem Handkoffer.

Im Verwaltungsbüro, als man endlich begriff, wer sie war, gab man ihr einen Brief. Sie sah die Handschrift des Sohnes. Sekundenlang war sie so erleichtert, ihr lange entbehrtes Glück wieder vor Augen zu haben, daß die Enttäuschung nicht gleich kam.

»Wie ich froh war, Mutter! Wie ich auf Dich gewartet habe! Aber ich durfte nicht länger bleiben. Ich komme zu Dir, sobald ich kann. Sicher ganz bald. Wie gut, daß Du nicht mehr weit weg bist, niemand von uns hat es so gut wie ich. Wirst Du hier bleiben? Sie brauchen ja alle Hände, und Du, Mutter, kannst alles.«

Trotz ihres Kummers war sie stolz auf die weiße Schürze, die sie von nun an trug wie die Krankenschwestern, obwohl ihre Arbeit nur darin bestand, Wäsche im Stand zu erhalten. In der ersten Zeit war davon reichlich vorhanden. Bald aber hieß es, nicht nur viele gebrauchte Stücke auszubessern, sondern aus allerlei brauchbaren Resten ständig genügend Bettzeug bereitzuhalten.

Aus der deutschen Brigade wurden viele Verwundete gebracht. Die Schweigert machte sich in den Krankensälen zu schaffen, um ihre Gespräche zu hören, um zu begreifen, welcher Mütter Söhne sie waren. Und sie suchte jetzt auf der Karte, wo ihr Sohn lag.

Eine spanische Krankenschwester namens Luisa hatte sie bald nach der Ankunft gefragt, so gut es ging, ob Ernst Schweigert wirklich ihr Sohn sei. Jedes Land, dachte Agathe, gibt seinem Namen eine Silbe dazu. Ernest hieß er in Frankreich, und in Spanien heißt er Ernesto. Dieses Mädchen war zart, seine Haut war so weiß, daß es kaum zu begreifen war, sein Haar war so schwarz wie ein Amselgefieder. Frau Schweigert betrachtete die Bilder, auf denen ihr Sohn mit Luisa zu sehen war. Sein Arm war verbunden; er sah aber froh und gelassen aus, wie er daheim nie ausgesehen hatte.

Wenn Luisa einen Brief bekam, lief sie damit zu der Schweigert, und die Schweigert lief zu Luisa, wenn sie selbst einen Brief bekam.

Eines Tages erschien es ihr, als ob die Menschen bei ihrem Anblick zögerten, ja, ihrem Blick auswichen.

Etwas trieb sie, Luisa zu suchen. Die lag auf ihrem Bett und weinte. Die Schweigert berührte ihr Haar, da fuhr sie hoch und warf sich ihr an den Hals und weinte laut. Sie wiegte den Oberkörper der Schweigert, den sie fest umfaßt hielt, hin und her, doch die Schweigert hielt sich so steif, daß es war, als wiege sie ein Brett. Agathe Schweigert hatte bereits verstanden, daß Ernst gefallen war.

Später spürte sie mit gerunzelter Stirn, daß manch einer sie sanft berührte. Gute Worte wurden an ihr vorbei gemurmelt. In ihrem Innern und auch in ihrem Gesicht zog sich alles zusammen. Niemand erfuhr, ob sie nachts weinte.

Ihr eigenes Unglück war dicht gefolgt von den Unglücksschlägen auf die Menschen der Spanischen Republik. Während Frankreich keine Waffensendung durchließ, halfen die Italiener und Deutschen ungestört dem General Franco. Die Republikanische Armee war in zwei Teile zerrissen.

Im Krankenhaus lagen Verwundete auf jedem freien Stück Fußboden. Der Krieg war so nahe gerückt, daß man ihn hinter den Bergen hörte. Man würde bald aufbrechen müssen. Agathe Schweigert war wie gefeit gegen Schrecken und Furcht. Sie hatte keinen Schlaf nötig. Ihre Hände brachten andauernd alles fertig, Soldaten verbinden, blutiges Zeug waschen, Bettzeug und Wäsche flicken.

Wie sie da umherlief, lautlos, aber mit ständig regen Fingern, rief es plötzlich aus einem Bett: »Frau Schweigert!« Sie brauchte sich, weil sie klein war, nicht einmal über den Mann zu bücken. In dem bleichen, hochmütigen Gesicht im weißen Verband erkannte sie Reinhold Schanz. Er war gar nicht erstaunt, sie hier plötzlich zu sehen, vielleicht weil ihm, von Wundfieber gequält, immerzu unwahrscheinliche Bilder vorschwebten, vielleicht, ganz einfach, weil ihm Ernst Schweigert selbst noch von der Ankunft der Mutter erzählt hatte. Und er zog sie auf seinen

Bettrand und erzählte ihr schonungslos, aber Klarheit verschaffend und dadurch erleichternd, Ernst Schweigert sei vor seinen Augen gefallen. »Er hat nicht gelitten, Frau Schweigert, er hat einen guten Tod gehabt.«
Sie nestelte an seinem Hemd und an seiner Decke. – Da Reinhold Schanz transportfähig war, benützte man die nächste Gelegenheit, um ihn mit mehreren Kameraden wegzuschaffen. Am zweiten Morgen lag schon ein Fremder in seinem Bett.
Luisa fuhr mit einem der nächsten Transporte ab. Sie warf sich an den Hals der Schweigert und weinte laut. Dabei fühlte die Frau noch einmal statt ihres andauernden dumpfen Kummers einen Stich, der unerträglich gewesen wäre, hätte er länger als eine Sekunde gedauert. Niemand hatte es ausdrücklich angeordnet, niemand erstaunte sich, daß die Schweigert half bis zuletzt, und sie half auch die letzten Verwundeten verbinden und in die Wagen schleppen. –
In dem Flüchtlingsstrom, der über die Pyrenäen zog, von Francos Soldaten auf der Erde und aus der Luft bis zur äußersten Grenze des Heimatbodens verfolgt, war die Schweigert allein mit ihrem kleinen, leichten Handkoffer. Den trug sie aber jetzt auf dem Rücken wie einen Tornister. Es gab viele einzelne Menschen auf diesem Weg. Die hatten entweder gleich beim Aufbruch ihren Anschluß verpaßt, oder sie hatten die Ihren unterwegs bei einem Fliegerangriff aus den Augen verloren. Mütter suchten ihre Kinder, Kinder ihre Eltern, Bräute ihre Freunde. Agathe Schweigert suchte niemand, sie hatte niemand aus den Augen verloren. Sie nahm sich unterwegs eines kleinen Jungen an, der sich am Fuß verletzt hatte, sie verband ihn, er war eines von mehreren Geschwistern, Mutter und Großvater gelang es kaum, die Kinder zusammenzuhalten und auf der Flucht zu versorgen. Aus ihrem Kopftuch stellte die Schweigert eine Trage her, auf der die zwei größeren Knaben den Kleinsten eine

Zeitlang abwechselnd schleppten. Bald kamen die Mutter – sie hieß Maria Gonzalez – und ihr Schwiegervater, der Großvater, ein düsterer, kräftiger alter Mann, gar nicht ohne die Schweigert aus. Sie versorgte die jüngsten Kinder, Alfonso, der älteste, half ihr viel, der war wie sein Großvater, düster und kräftig. Ob der Vater, ein Offizier in der Republikanischen Armee, gefangen oder gefallen war, wußte niemand.

Als all diese spanischen Menschen, für die ein Leben unter der Herrschaft Francos undenkbar war, die Pyrenäen herunterzogen, entstand eine fassungslose Verwirrung an der französischen Grenze. Doch die Behörden, von der Regierung angewiesen, faßten sich und sperrten in Lager ein, wen sie greifen konnten. Die Familie Gonzalez, die aus einem alten Mann bestand und einer Frau und Kindern und schließlich auch aus Agathe Schweigert, die andauernd helfend ein großes Stück mit ihnen gezogen war, gelangte in die Nähe von Perpignan.

Mitleidig, in Ehrfurcht vor soviel aus eigenem Entschluß ertragenen Leid, nahm eine Bauernfamilie die Familie Gonzalez auf. Sie gab ihnen eine Scheune als Unterkunft und brachte ihnen zu essen, was möglich war. Die beiden Frauen verdienten sich bald ihre Unterkunft. So lebten sie alle zusammen, betreut von diesen französischen Bauern und ihnen zugleich eine Erntehilfe bis in den Herbst hinein. Der Weltkrieg brach aus. Zuerst lag die französische Armee der deutschen Wehrmacht an der Maginot-Linie starr gegenüber. Eine Ahnung bemächtigte sich der Menschen, daß das, was im Vorfrühling geschehen und in Spanien wie ein Ende erschienen war, den Anfang unerhörter Schrecken und Leiden auf dem ganzen Erdteil bedeuten könne.

Die Familie Gonzalez fror schon in ihrer Scheune; durch mancherlei Arbeit beschafften die beiden Frauen Decken und Kinderzeug. Sie waren froh,

wenn sie im Bauernhaus in der warmen Küche beim Schälen, beim Nähen und Flicken helfen konnten. Niemand gab auf die Schweigert acht. Die war so stumm wie ihr Schatten, nur ihre Finger waren immer geschmeidig und rege.
Inzwischen hatte die Frau Gonzalez Nachricht von ihrem Mann erhalten. Er war interniert in einem Lager an der Küste, das nur einen halben Tag entfernt lag. Sie besuchte ihn bald. Die Schweigert hörte sich stumm, ohne etwas zu äußern, die Freude über das Wiedersehen an.
Eines Tages rief die Gonzalez: »Da ist auch für Sie ein Brief!« Diese Handschrift hatte Agathe noch nie erblickt. Im selben Lager, in dem der Mann der Gonzalez eingesperrt war, war auch Reinhold Schanz eingesperrt. An einem der öden Gefangenschaftstage, da jeder Brief etwas Neues für alle bedeutete, hatte Gonzalez dem Schanz von der fremden Frau erzählt, die mit seiner Familie in der Nähe von Perpignan lebte. Als Reinhold Schanz nach manchen Rückfragen festgestellt hatte, daß diese Frau keine andere sein könne als die Mutter seines gefallenen Freundes, schrieb er ihr einen Brief.
»Ich bin so allein auf der Welt, Frau Schweigert, wie Sie. Bis auf die Genossen und Freunde. Im Sommer war es hier glühend heiß. Jetzt geht ein kalter Wind. Meine Malaria macht mir wieder zu schaffen. Ich weiß nicht, ob Sie das könnten, mir etwas Chinin zu beschaffen. Verzeihen Sie bitte.«
Bis jetzt hatte die Schweigert dahingelebt. Sie las ein paarmal den Brief und dachte nach. Wenn der Wirt der »Grappe d'Or« in Toulouse brav und anständig war, dann war gewiß ihr Geld noch unberührt. Sie schrieb ihm. Frau Gonzalez stellte verwundert fest, daß etwas wie eine Erregung in die Schweigert gekommen war. Kurz darauf traf ein Brief des Wirtes ein. Er schickte das Geld zurück.
An einem Wintermorgen, sie hatte den Nachtzug be-

nutzt, um rechtzeitig anzukommen, stand sie vor dem Lagertor, durchweht und verfroren. In ihrem Handkoffer lagen ein Päckchen Chinin und auch etwas warmes Zeug für den Reinhold Schanz. Erstaunt, ungehalten betrachtete sie die Baracken hinter dem Stacheldraht. Es war ein Glück, daß sie den Nachtzug genommen hatte. Denn da sie von keiner Behörde eine Erlaubnis besaß, brauchte sie Zeit, um sich hier Einlaß zu verschaffen.
Die Garde mobile am Tor wollte sie durchaus nicht ins Lager lassen. Da sie den Mann aber nicht verstand und nur immer denselben Namen sagte, holte er seinen Vorgesetzten. Mit diesem begab sich dasselbe, und er führte sie vor den Leutnant. Der Leutnant sagte sich, daß die armselige Frau ihm bestimmt keinen Schaden bringen könnte. Auf seinen Befehl führte man sie in die leere Besuchsbaracke, und man holte den Reinhold Schanz.
Er sah rauh und verwildert aus. In seinem Gesicht lag ein großer Stolz. Um seinen Mund lag ein Zug von Spott über alles, was sich seinem jungen Leben entgegenstemmte. Dann ruhte sein Blick nachdenklich auf der Schweigert. Er dankte ihr für die Dinge, die sie aus dem Handkoffer nahm. Er hätte ihr gern über den Kopf gestrichen, aber er wagte es nicht recht.
Eines erzählte dem anderen, wie sein Leben verlaufen war, seit sie sich im Lazarett getroffen hatten. Ein Soldat erschien und rief: »Fini!« Die Schweigert stand zögernd auf, der Soldat wartete vor der Tür, Reinhold brachte sie ein paar Schritte heraus. Im hellen Sonnenschein wehte ein eisiger Wind. Sie nahmen Abschied voneinander; da drehte er sich noch einmal um. Er bückte sich und sagte schnell: »Bald fahren die Gonzalez' ab, viele fahren bald ab. Damit uns die Nazis nicht fangen, wenn der Krieg auch hierher kommt.«
Der Soldat rief noch einmal: »Fini!« Er wartete aber ein wenig. Ihn dauerte die alte Frau, die da im eisigen

Wind stand, zum Umblasen leicht und klein, und zu dem Mann hinaufsehen mußte, wie er sich auch bückte. Reinhold Schanz fuhr fort: »Ein paar Länder in Südamerika versprechen uns Asyl und Arbeitserlaubnis, auch die Schiffsbillette wird man uns schicken. Es helfen sich gegenseitig die Freunde der Spanischen Republik. Jetzt stellen wir eine Liste auf, wer mit uns fahren soll. Und Sie, Frau Schweigert, Sie sind die Mutter von Ernst, und Sie haben auch viel selbst getan. Sie sollen darum mit uns fahren. Wo sollen Sie auch sonst hin? Doch nicht zurück nach Algesheim?«
»Nein, nein«, sagte Agathe Schweigert, »ich will mit euch.«

Im Frühjahr 1941 schlief ich auf einer Antillen-Insel in einer Baracke mit vielen spanischen Frauen. Wir warteten alle auf Schiffe, um in die Länder zu fahren, die uns Asyl versprochen hatten.
Die spanischen Frauen sangen oft, sie waren erregt in Leid und Freude, in Sicherheit und Ungewißheit. Unter ihnen saß eine kleine dünne Frau, grau waren ihr Haar und ihr Gesicht, sie sah anders aus als die spanischen Frauen, sie war auch immer stumm.
Einmal, als sie einem Kind einen Knopf annähte, entfuhr ihr auf deutsch: »Halt still!«
Ich fragte sie, woher sie stamme, und sie erwiderte: »Aus dem Rheinland, aus Algesheim.«
Wir saßen an diesem Abend lange zusammen. Bald darauf fuhr ich ab. Ich weiß nicht, ob sie noch lebt. Hier steht, was ich von ihr weiß.

Nachwort

I

»Der Rang der Seghersschen Bücher wird nicht zum wenigsten dadurch bestimmt, daß sich das Grunderlebnis der Autorin, die Solidarität, dem Leser als etwas Selbstverständliches mitteilt ... weil sie Ausdruck der geschichtlichen Bewegung selbst ist.«[1]
Dieser fundamentale Satz des im Februar 1975 verstorbenen Essayisten und Literaturwissenschaftlers Kurt Batt, gewonnen aus der intimen Kenntnis des Seghersschen Œuvres, könnte als *die* Charakteristik ihres Werkes gelten; sie soll im Kontext unserer Auswahl näher bestimmt werden.
Sosehr ihr eigenes Werk Autobiographisches ausspart und Anna Seghers sich autothematisch fast völlig zurückhält, ist es vor allem für den, der sich zum ersten Mal mit ihrer Prosa beschäftigt, unerläßlich, wenigstens einen Blick auf Leben und Werk zu werfen. Anna Seghers, mit eigentlichem Namen Netty Reiling, ist am 19. November 1900 in Mainz geboren, als einzige Tochter des Kunsthändlers Isidor Reiling. Sie lernt in behüteter bürgerlicher Umgebung »verhältnismäßig früh lesen und dadurch auch schreiben«[2], wie sie einmal in einem sehr aufschlußreichen Interview zu Christa Wolf sagte. Sie studierte Kunstgeschichte, Geschichte und Philologie und promovierte 1924 in Heidel-

---

1. Kurt Batt, *Unmittelbarkeit und Praxis*. Zur ästhetischen Position von Anna Seghers. In: Positionen. Beiträge zur marxistischen Literaturtheorie in der DDR. Leipzig 1969, S. 165.
Vgl. auch: *Anna Seghers. Begegnungen, Erinnerungen, Studien*. Hrsg. von Kurt Batt. Berlin 1975. (Festschrift zum 75. Geburtstag von A. S. am 19. November. Mit zahlreichen in- und ausländischen Beiträgen zu Werk u. Wirkung sowie einer Auswahlbibliographie nebst wesentlicher Sekundärliteratur.)
2. Christa Wolf, *Ein Interview mit Anna Seghers*. In: Anna Seghers: Glauben an Irdisches. Essays aus vier Jahrzehnten. Hrsg. von Ch. Wolf. Leipzig ²1974, S. 349; auch in: Ch. W.: Lesen und Schreiben. Darmstadt 1972 (SL 90).

berg über das Thema »Jude und Judentum im Werke Rembrandts«. Wie Batt schreibt, versperrten ihr »gebildete Bürgerlichkeit ... Schule und Studium ... das Erlebnis des Klassenkampfes«[3]. Interessant ist nun, wie sie dennoch zu revolutionären Einsichten gelangte, die sie schließlich 1928 in die KPD und 1929 in den Bund proletarisch-revolutionärer Schriftsteller eintreten ließen. Es waren zwei entscheidende Erlebnisse, wie sie selbst bekennt; einmal die Begegnung mit der vorrevolutionären russischen Literatur, mit Dostojewski und Tolstoi: »Eine Wirklichkeit ist uns aus den Büchern gekommen, die wir im Leben noch nicht gekannt haben. Für uns war es eine erregende, eine revolutionäre Wirklichkeit. Ich spreche jetzt nicht von der politischen Revolution, die ja nah war, zeitlich nah war damals, sondern ich spreche von einem revolutionären Herauswühlen, In-Bewegung-Gehen des menschlichen Schicksals, etwas durch und durch Unkleinbürgerliches.«[4]

Zu diesem elementaren, durch Literatur vermittelten revolutionären Grunderlebnis kam ferner während ihrer Studienzeit die Freundschaft mit vielen vor dem weißen Terror aus den Ländern des Ostens emigrierten Studenten. Ihr Roman *Die Gefährten*, den sie noch vor ihrer Emigration 1932 veröffentlichen kann, ist diesem zweiten Grunderlebnis, »das als junges Ding einen gewaltigen Eindruck auf mich gemacht [hat]« gewidmet. Vorher, 1928, erhält sie für ihren ersten Roman *Aufstand der Fischer von St. Barbara* aus den Händen Hans Henny Jahnns den Kleist-Preis. Anna Seghers genießt bereits Weltruhm. In diesem Roman erzählt sie, wie Fischer gemeinsam gegen die sie ausbeutende Reederei höhere Lohnforderungen durchdrücken wollen; sie machen, unterstützt durch ihre Zunftgenossen, im benachbarten Port Sebastian einen Aufstand. Als es jedoch zu harten Konfrontationen kommt, brechen die umliegenden Dörfer aus dem Streik aus, und ihre eigene Solidarität beginnt unter dem Hunger und der Macht des Militärs zu wanken. »Der Aufstand der Fischer von

3. Kurt Batt (s. Anm. 1), S. 136.
4. Christa Wolf, *Ein Interview* ... (s. Anm. 2), S. 349.

St. Barbara endete mit der verspäteten Ausfahrt zu den Bedingungen der vergangenen vier Jahre.« So lautet der erste Satz des Buches. Aber Anna Seghers schildert gar nicht, wie man meinen möchte, nur den Zusammenbruch eines Streiks, sondern das Weiterwachsen der Zusammengehörigkeit der Unterdrückten und das Gefühl ihrer inneren Solidarität. Dieses Gefühl wird sie immer wieder in ihren zukünftigen Werken gestalten, nicht allein durch die Kraft der künstlerischen Darstellung, sondern es wird auch bewegendes Thema in ihren Reden auf den internationalen Schriftstellerkongressen während der Emigrationszeit. Sie selbst muß 1933 über die Schweiz nach Frankreich fliehen, 1940 nach Marseille, von wo sie 1941 auf einem Transportschiff über San Domingo, Ellis Island, nach Mexiko gelangt.

Von dem in Paris niedergeschriebenen Roman *Das siebte Kreuz* gingen in den Wirren der Zeit mehrere Kopien verloren; so mußte Anna Seghers selbst eine Kopie vor den heranrückenden Deutschen in Paris vernichten. Franz Carl Weiskopf ist es zu verdanken, daß ein Werk der Weltliteratur gerettet wurde; er brachte eine Abschrift in die USA, wo das Buch 1942 in englischer Sprache herauskam und bereits ein Erfolg wurde, weil, wie Anna Seghers später erklärte, »viele Menschen zum ersten Mal stutzig wurden; sie haben zum ersten Mal verstanden, daß Hitler, bevor er sich auf fremde Völker gestürzt hat, den besten Teil seines eigenen Volkes kaputtgemacht hat.«[5] Die Fabel ist rasch berichtet: Sieben Häftlinge brechen aus einem KZ aus. Sieben Kreuze werden vom Lagerkommandanten als Warnung und zur Abschreckung für die anderen aufgerichtet, um die Wiedereingefangenen an die mit Nägeln gespickten Kreuze zu stellen. Ein Kreuz bleibt leer; es gibt den Eingekerkerten die Kraft der Hoffnung. Dieser eine entkommene Häftling, Georg Heisler – auf ihn wird wieder in der Erzählung *Sabotage* angespielt –, flieht durch die Lande, und jede seiner Stationen wird zu einer Prüfung derer, die ihn beherbergen bzw. aufnehmen sollen. So ent-

---

5. Christa Wolf, *Ein Interview* ... (s. Anm. 2), S. 354.

steht auch eine Erzählung über die Stimmung und Haltung der Menschen in Deutschland während der Hitler-Zeit. – 1943 kommt Anna Seghers' Roman *Transit* heraus, das große Werk, das schon im Titel andeutet, daß sein Thema der Fahrt in die Emigration gewidmet ist. Der Kern der Handlung: Auf der Flucht vor den Nationalsozialisten verfolgt der Ich-Erzähler im besetzten Paris die Spuren des von allen verlassenen Schriftstellers Weidel, der Selbstmord beging. Dessen Frau Marie, die mit einem Arzt geflohen war, den sie inzwischen nicht mehr liebt, trifft der Erzähler. Sie, die sich nun schuldig fühlt, ohne vom Tod ihres Mannes zu wissen, sucht in den Gassen und Cafés von Marseille nach ihm. Die beiden Männer, der Ich-Erzähler und der Arzt, ringen vergebens um sie, denn sie liebt nur noch den Im-Stich-Gelassenen. Das Schiff, auf dem Marie und der Arzt zum anderen Kontinent aufbrechen, geht unter. – Kurt Batt sieht gerade das Im-Stich-Lassen »als negatives Komplement der Solidarität« und das Motiv der Flucht als Illusion[6] (aus der Sicht der jeweiligen Personen sind ganz verschiedene Deutungen möglich). In Hinblick auf Anna Seghers bemerkt Batt: »›Transit‹ als der persönlichste Roman der Autorin bedeutet zugleich, indem er schlimme Erfahrungen und auch verzweifelte Stimmungen festhält, die Überwindung einer Krise, in welche die politischen und militärischen Vorgänge die deutschen Emigranten gestürzt hatten.«[7]

Anna Seghers blieb bis 1947 in Mexiko, kehrte dann nach Deutschland zurück und nahm bald ihren Wohnsitz in Berlin, DDR. Mit Brecht, Becher und Arnold Zweig gehört sie zu jenen großen Repräsentanten der deutschen Literatur, die dorthin heimkehrten, wo sie am Aufbau eines neuen Deutschland mitzuwirken hofften. Anna Seghers versucht auch dort einzulösen, was sie in den Jahren der Emigration einst im Briefwechsel mit Georg Lukács gesagt hatte, »... wenn man Menschen helfen will, Richtung auf

---

6. Kurt Batt, *Anna Seghers*. Versuch über Entwicklung und Werk. Leipzig 1973, S. 161.
7. Kurt Batt (s. Anm. 6), S. 164.

die Realität zu nehmen, dann muß man die Hilfe danach einstellen.«[8] Zweierlei hat Anna Seghers getan, sie hat sich der »Realität der Krisenzeit«[9], von der sie damals sprach, gestellt, sie ertragen und gestaltet, und sie hat dann beim Aufbau des Sozialismus in der DDR den Menschen mit all seinen Konflikten und Problemen vor dem Hintergrund ihrer Erfahrungen in die Zukunft blickend dargestellt und der jüngeren Generation ein Beispiel gegeben. Dies war vor allem möglich, weil Anna Seghers zu jener überzeugenden Einsicht in Geschichte gelangte, die sie im Gespräch mit Christa Wolf im Zusammenhang mit ihrem Roman *Die Toten bleiben jung* (1949) ausdrückte: »Während ich schreibe, sehe ich mir an, was zum Beispiel in Deutschland passiert ist von einem Krieg zum anderen; dann stelle ich mir vor, was diesen meinen Menschen während dieser Zeit passiert ist, wie sie sich dazu gestellt haben, was sie selbst getan haben.«[10]

Es fällt der Ausdruck »meine Menschen« auf; nicht zufällig hatte Anna Seghers 1935 auf dem internationalen Schriftstellerkongreß zur Verteidigung der Kultur in Paris zum Thema »Vaterlandsliebe« gesprochen: »Es ist noch nicht allzu lange her, seit Menschen für die Idee ›Vaterland‹ ein schweres Leben erleiden oder einen schweren Tod.«[11]

II

Im Gegensatz zum Programm des Bundes proletarisch-revolutionärer Schriftsteller (BPRS) in der Weimarer Republik war es nach 1933 wichtig, angesichts des Faschismus, nicht mehr einfach die Massen zu agitieren, sondern die Solidarität mit dem leidenden Volk herzustellen und

---

8. *Die Expressionismusdebatte.* Materialien zu einer marxistischen Realismuskonzeption. Hrsg. von Hans-Jürgen Schmitt. Frankfurt a. M. 1973, S. 290.
9. *Die Expressionismusdebatte* (s. Anm. 8), S. 268.
10. Christa Wolf, *Ein Interview* . . . (s. Anm. 2), S. 356.
11. *Vaterlandsliebe*, in: Glauben an Irdisches (s. Anm. 2), S. 9.

die zu unterstützen, die stumm oder aus einer inneren Kraft heraus sich gegen faschistische Gewalt wehrten. Thema vieler Erzählungen ist bei Anna Seghers nicht einfach der Kampf »dagegen«; er wird immer geschildert schon als eine Etappe auf dem Wege zur Verwirklichung eines anderen Menschen, einer anderen Gesellschaft. Das individuelle Schicksal geht im »Ausdruck der geschichtlichen Epoche auf« (Batt).

In der späteren Fassung der Erzählung *Der Führerschein*, die im japanisch-chinesischen Krieg spielt, heißt der letzte Satz: »Er drehte das Steuer, und er fuhr das Auto mit den zwei Generalstäblern und ihrer Ordonnanz und den zwei Zivilpersonen und sich selbst in einem kühnen, dem Gedächtnis des Volkes für immer eingebrannten Bogen in den Fluß.« Diese Version ist sicherlich nicht nur sprachlich schöner, sie zeigt deutlicher als die Erstfassung von 1932, abgedruckt in der »Linkskurve«, dem Organ des BPRS, die Parteilichkeit der Autorin für die neue politische Einstellung der KPD während der Etappe, in der man sich um eine Volksfront auch der künstlerischen Intelligenz im Exil bemühte. In dem überaus eindrucksvollen Bild vom Herumdrehen des Steuers und dem Austausch des Ausdrucks »Gedächtnis der Masse« gegen »Gedächtnis des Volkes« deutet sich metaphorisch und symbolisch eine Wende an: die Solidarität mit der revolutionären Bewegung im Fernen Osten wirkt auch als beispielgebende Kraft für die Aufgaben einer Volksfront.

Anna Seghers ist immer Erzählerin; für sie war darum »Erzählen oder Beschreiben«, jener Streit, den Georg Lukács mit Willi Bredel, Otto Gotsche und Ernst Ottwalt in der »Linkskurve« führte, keine Alternative, die sich für sie stellte; denn der dort debattierten dokumentarischen Schreibweise hat sie sich nie verpflichtet gefühlt; entscheidender war, wie sie später im Briefwechsel mit Lukács sagte, »was in Wirklichkeit auf wen Eindruck macht«.[12]

Anna Seghers kam auch immer wieder zu Sagen und Mär-

---

12. *Die Expressionismusdebatte* (s. Anm. 8), S. 268.

chenstoffen zurück, die sie seit ihrer Kindheit begleiteten. Dazu gehörte auch der Räuber Woynok.[13] Von Walter Benjamin ist uns zu dieser Erzählung die oft unvollständig zitierte Bemerkung von Brecht überliefert worden: »›Die Seghers kann nicht aufgrund eines Auftrags produzieren, so wie ich ohne einen Auftrag gar nicht wüßte, wie ich mit dem Schreiben anfangen soll.‹ Er lobte auch, daß ein Querkopf und Einzelgänger in diesen Geschichten als die tragende Figur auftritt.«[14] Sehen wir einmal davon ab, daß Brecht unter »Auftrag« nicht nur den politischen versteht, so scheint die Erzählung keineswegs so losgelöst von der geschichtlichen Bewegung, in der sich Anna Seghers sieht. Wenn Brecht den Querkopf und Einzelgänger hervorhebt, verweist das ja geradezu auf eine bestimmte Einschätzung der Lage der antifaschistischen Schriftsteller Mitte der dreißiger Jahre, als es wichtig war, die künstlerische Intelligenz für eine Linie zu überzeugen, und als in der Sowjetunion, um die Entstehungszeit der Geschichte (1936; abgedruckt 1938 in der Volksfront-Zeitschrift »Das Wort«, Moskau) sich die kulturpolitischen Auseinandersetzungen während der Formalismusdebatte wieder verschärft hatten. Das Motto (in unserer Sammlung mit aufgenommen), das nur dem Erstdruck vorangestellt war, könnte ein kritischer Hinweis darauf sein, daß in all den an Strategien orientierten kulturpolitischen Auseinandersetzungen nicht genügend die Bedeutung der emotionalen Wirkung auch einer sozialistischen Literatur bedacht wurde. Oder anders gesagt: Es war Anna Seghers klar: Kampfsituationen konnten der Literatur zwar eine revolutionäre Aufgabe verschaffen, sie bedarf aber vor allem auch der ästhetischen Wirkung, um ans Innere des Menschen zu rühren.

Ganz anders kommt Solidarität in der Erzählung *Die Saboteure* zum Ausdruck, die zur Zeit des Hitler-Überfalls auf die Sowjetunion spielt. Während über Lautsprecher

---

13. Vgl. auch, was A. Seghers im Interview mit Ch. Wolf dazu sagt (s. Anm. 2), S. 354.
14. Walter Benjamin, *Versuche über Brecht*. Frankfurt a. M. 1966, S. 133.

Truppenbewegungen und Siege in schrillem, kriegslüsternem Pathos mitgeteilt werden und man sich nur noch über »große Dinge« in der Welt wundert, zeigt Anna Seghers aus der Sicht der kleinen Leute: »was nützt uns bloß all das Gesiege« in Frankreich und andernorts. Denn Resultat des »tollen Gesieges« ist der Verlust der Söhne, die auf dem »Feld der Ehre« zurückgeblieben sind. »Die ganze Armee von Stalingrad ist futsch«, heißt es da entlarvend gegenüber der offiziellen Verlautbarung »ein Armeecorps ist verloren«. Aus der Sicht der Betroffenen motiviert sich nicht nur deren Tun, sondern der Leser geht auch mit dem Leben der Menschen, die hier im doppelten Sinn Geschichte machen, Solidarität ein.

Die Welt der normalen Beziehungen verändert sich, sie muß sich angesichts des Elends in eine ganz andere zwischenmenschliche Kommunikation verkehren. Denn wenn aus innerer und äußerer Bedrängnis eine geheime konspirative Kraft erwachsen soll, müssen sich nach außen die Verhaltensweisen dieser Menschen ändern. Obwohl das Leben von Hermann »verworren« ist, das des jungen Kriegskrüppels Schanz »verhunzt«, resignieren sie nicht. »Man muß etwas tun« ist die Devise, jener Gemeinschaft stiftende Drang einer Gruppe, die nach außen ja nicht als solche erscheinen darf, so daß selbst die freundschaftlichen und familiären Beziehungen aufgehoben scheinen. Da wendet sich die Feindschaft von Franz und Hermann bei der Nachricht vom Überfall wieder in stumme Freundschaft; Hermann kann sich später nur mit der einäugigen Lotte wirklich aussprechen und diese wiederum nur bei ihm, weil ihr Franz schon tot an der Ostfront liegt; Hermann will seine Frau nicht mit hineinziehen, und sie, die doch genau Bescheid weiß, schont wiederum ihn und spricht nicht zu ihm. Paul und Hermann sehen sich plötzlich nur noch aus der Distanz, und der Oberingenieur Kreß ist ihnen verdächtig. Das Leiden nimmt Gestalt an in der Umkehrung aller natürlichen Verhältnisse, ist Ausdruck einer grausamen Epoche – aber, so demonstriert die Erzählung dem Leser: Die Sabotage als Aktion einer verschworenen Gemeinschaft war trotz der Opfer nicht umsonst: die Freunde erkennen sich wieder (nach dem Krieg), und die lähmende Stille wird aufgehoben durch den Gesang von Hermanns Frau.

Der Unterschied etwa zu Céline und anderen, die ebenfalls den Blick auf das Grauen gerichtet haben, ist der, daß Anna Seghers nie in bürgerliche Elendsmalerei verfällt, nie an einer Ästhetik des Leidens Gefallen findet, sondern die solidarische Einheit aus Elend und Kraft gestaltet, wie sie in jenen Jahren der Emigration auch Max Raphael in Paris gefordert hatte[15]. Diese Einheit von Elend und Kraft, mit der Anna Seghers das bürgerliche Krisenbewußtsein hinter sich läßt, zeigt sich auch in so unauslöschlichen Frauengestalten wie Agathe Schweigert im Erzählungsband *Die Kraft der Schwachen* – ein Titel, von dem ihr Biograph Kurt Batt einmal meinte, er könne über ihrem ganzen Werk stehen.[16]

Agathe Schweigert, die den braunen Terror und die Vorgänge während des Spanischen Bürgerkriegs rational nicht begreift, erwächst erst durch die Suche nach ihrem Sohn und schließlich durch dessen Tod das Gefühl für den ersten Schritt, der notwendig ist, um gemeinsam gegen den Faschismus zu kämpfen. Das läßt sich an Anna Seghers' eindrucksvollem Novellenstil erkennen. Zunächst werden auf drei, vier Seiten – bis dorthin, wo vom Sohn zum ersten Mal die Rede ist – wie in einer Chronik der tragischen Ereignisse, Agathes kleines Leben in einer engen Welt geschildert, aber das geschieht so, daß auch hier klar wird, wie Menschen am Krieg leiden und zugrunde gehen; z. B. wie Agathes Mutter umkommt: »Als mit den Niederlagen der Hunger kam, schien es zuerst, Frau Denhöfer und ihre Tochter seien an Einschränkungen gewöhnt, die neuen könnten ihnen nichts anhaben. Von einer Hamsterfahrt in

---

15. Vgl. dessen in Paris damals nur mündlich vorgetragenes und jetzt erst publiziertes Hauptwerk: Max Raphael, *Arbeiter, Kunst und Künstler*. Beiträge zu einer marxistischen Kunstwissenschaft. Frankfurt a. M. 1975.
16. Kurt Batt, *Unmittelbarkeit und Praxis* (s. Anm. 1), S. 165.

die Dörfer bei frostigem Herbstregen kam aber Frau Denhöfer mit einem für ihre Kleinheit und Magerkeit erstaunlich wilden Husten zurück. Daraus entstand Lungenentzündung; sie starb.«

In der Knappheit des Geschilderten drückt sich die fatalistische Annahme des Schicksals für die aus, die nicht in der Lage sind, es selbst in die Hand zu nehmen. Erst als die Kontakte mit dem inzwischen vor den Nazis geflohenen Sohn abgerissen sind, gerät Agathe Schweigert aus passiver Hingabe in eine aktive Rolle; als sie der Brief mit dem Vermerk »Adressat unbekannt« erreicht, heißt es »Sie zerwühlte ihr Bett«. Als sie einen Stempel »Toulouse«, und »Grappe d'Or« entdeckt: »Ihr Gesicht flog rot an vor Nachdenken«. Als sie im Hotel schließlich glaubt, jetzt habe sie den Sohn erreicht: »Als das Telefon läutete, war ihr Sprung so jäh, daß die Katze von ihren Knien fiel und sich wütend sträubte.«

Die sinnliche Qualität von Anna Seghers' Sprache, hier wie auch mehr als dreißig Jahre zuvor in der Erzählung *Der Führerschein*, macht dem Leser sofort das Gemeinte einsichtig: die Momente sich ankündigender Veränderung; so auch in einer Szene, die wie ein Tableau hingestellt ist; sie könnte auch Sujet eines holländischen Malers des Mittelalters sein:

»Inzwischen hatte der Wirt den Tisch gedeckt, er hatte Wein und Brot gebracht; wenn er die Sprache auch nicht verstand, er hörte die große Erregung heraus, und er dachte, seine Fischsuppe könne nicht schaden. Sie aßen und tranken zu dritt, beide betreuten die Schweigert, wie nie Menschen zuvor sie betreut hatten. Eine große Bangnis und ein großer Trost kamen zusammen in diesem Haus.«

In der suggestiven Bildkraft teilt sich dem Leser der sich ankündigende Prozeß eines inneren Zugehörigkeitsgefühls mit, eine Kraft, die Anna Seghers ihren Gestalten deshalb verleihen kann, weil sie nicht allein »an die Unzerstörbarkeit des Humanen« glaubt, sondern weil ihre »intuitive Sicherheit mit ihrer Zugehörigkeit zur kommunistischen

Weltbewegung korrespondiert...«[17]

Anna Seghers schreibt seit einem halben Jahrhundert; auch wenn sie nicht Schulen gebildet hat, sich nicht Stile und Formen an ihr orientierten, vermittelt ihre Prosa einen Begriff von Literatur, der Maßstäbe für dieses Jahrhundert setzt: eine Literatur, die Solidarität mit den Schwachen gestaltet und dem Leser unmittelbar mitteilt. Daran erweist sich überhaupt, inwieweit durch literarischen Anspruch Humanität erfüllt wird. Er ist Anna Seghers' Auftrag.

17. Kurt Batt (s. Anm. 6), S. 231. Vgl. dazu die Auffassung von Marcel Reich-Ranicki, der zu sehr auf die vom »Glauben geprägte Beziehung der Verfasserin zur revolutionären Idee« abhebt (M. R.-R., *Die kommunistische Erzählerin Anna Seghers*, in: Deutsche Literatur in West und Ost. München 1963 [auch rororo 1313]). Im Gegensatz zu Reich-Ranicki siehe: Paul Rilla, *Die Erzählerin Anna Seghers*. In: P. R., Literatur. Kritik und Polemik. Berlin 1950; auch in: P. R., Vom bürgerlichen zum sozialistischen Realismus. Leipzig 1967. – Rillas Ansicht, nach der Anna Seghers sich schon mit ihren allerersten Werken dem Kommunismus zuwandte, wird widerlegt von Friedrich Albrecht, *Die Erzählerin Anna Seghers 1926–1932*. Berlin 1965.

Zeittafel

1900 Am 19. November in Mainz geboren.
1919 Studium an der Universität Heidelberg: Kunstgeschichte, Geschichte, Philologie.
1924 Promotion *Jude und Judentum im Werke Rembrandts*.
1927 Die Erzählung *Grubetsch* unter dem Pseudonym Seghers in der »Frankfurter Zeitung«.
1928 *Aufstand der Fischer von St. Barbara* (E).
Kleist-Preis. Mitglied der KPD.
1929 Mitglied des Bundes proletarisch-revolutionärer Schriftsteller.
1930 *Auf dem Wege zur amerikanischen Botschaft* (En).
– In Charkow auf der Konferenz proletarisch-revolutionärer Schriftsteller.
1932 *Die Gefährten* (R).
1933 Emigration über die Schweiz nach Frankreich. *Der Kopflohn* (R).
1935 *Der Weg durch den Februar* (R). Rede auf dem Internationalen Schriftstellerkongreß zur Verteidigung der Kultur in Paris.
1937 *Die Rettung* (R). Auf dem Internationalen Schriftstellerkongreß in Madrid.
1940 Flucht von Paris nach Marseille.
1941 Über San Domingo, Ellis Island, nach Mexiko.
1942 *Das siebte Kreuz* (R) erscheint auf englisch in den USA.
1943 *Transit* (R).
1947 Rückkehr nach Berlin, DDR. Georg-Büchner-Preis. Ansprache auf dem I. Deutschen Schriftstellerkongreß.
1948 *Der Ausflug der toten Mädchen* (En).
1949 *Die Toten bleiben jung* (R), *Die Linie* (En).
Teilnahme am Weltfriedenskongreß in Paris.
1950 Präsidentin des Deutschen Schriftstellerverbandes der DDR (bis 1978).

1951 Reise nach China.
1952 *Der erste Schritt* (En).
1956 Rede auf dem IV. Deutschen Schriftstellerkongreß der DDR.
1959 *Die Entscheidung* (R).
1961 Reist auf einem polnischen Schiff nach Brasilien. Besucht Jorge Amado.
1962 *Karibische Geschichten.*
1963 *Über Tolstoi. Über Dostojewski.*
Zweite Reise nach Brasilien.
1965 *Die Kraft der Schwachen* (En).
1967 *Das wirkliche Blau* (En).
1968 *Das Vertrauen* (R).
1971 *Die Überfahrt* (E).
1973 *Sonderbare Begegnungen* (En).
1975 Ehrenbürgerschaft der Stadt Berlin, DDR.
1977 *Steinzeit. Wiederbegegnung* (En).
1979 *Drei Frauen aus Haiti* (En).
1980 *Woher sie kommen, wohin sie gehen* (Ess).
1981 Ehrenbürgerschaft der Stadt Mainz.
1983 Am 1. Juni in Berlin gestorben.

Quellenverzeichnis

Der Führerschein in: Sammlung proletarisch-revolutionärer Erzählungen. Hrsg. von Fähnders, Karrenbrock, Rector. Darmstadt u. Neuwied: Luchterhand 1973. (Sammlung Luchterhand 117.) S. 176 f.

Die schönsten Sagen vom Räuber Woynok Erstdruck in: Das Wort. Heft 6 (1938) S. 22–34. Ohne Motto enthalten in: A. S., Erzählungen Band 1. Darmstadt u. Neuwied: Luchterhand 1973. (Sammlung Luchterhand 102.) S. 147 bis 166.

Post ins gelobte Land in: A. S., Erzählungen Band 1. Darmstadt u. Neuwied: Luchterhand 1973. (Sammlung Luchterhand 102.) S. 239–271.

Die Saboteure in: A. S., Aufstellen eines Maschinengewehrs im Wohnzimmer der Frau Kamptschik. Neuwied: Luchterhand 1970. (Sammlung Luchterhand 14.) S. 42–96.

Agathe Schweigert in: A. S., Die Kraft der Schwachen. Neuwied: Luchterhand 1966. S. 7–31.

Inhalt

Der Führerschein (1932) 3
Die schönsten Sagen vom Räuber Woynok (1936) 5
Post ins gelobte Land (1943/44) 26
Die Saboteure (1946) 59
Agathe Schweigert (1963/64) 119

Nachwort 144
Zeittafel 155
Quellenverzeichnis 157

Moderne Erzähler

IN RECLAMS UNIVERSAL-BIBLIOTHEK

Auswahl

Thomas Bernhard, *Der Wetterfleck.* 9818

Heinrich Böll, *Der Mann mit den Messern.* 8287

Jorge Luis Borges, *Die Bibliothek von Babel.* 9497

Alejo Carpentier, *El derecho de asilo / Asylrecht.* (Zweispr.) 9946

Erzählte Zeit. 50 deutsche Kurzgeschichten der Gegenwart. 9996

Gabriel García Márquez, *Un día después del sábado / Ein Tag nach dem Samstag.* (Zweispr.) 9859

Peter Härtling, *Der wiederholte Unfall.* 9991

Wolfgang Koeppen, *New York.* 8602

Siegfried Lenz, *Stimmungen der See.* 8662

Reinhard Lettau, *Herr Strich schreitet zum Äußersten.* 7873

Cesare Pavese, *Die Nacht von San Rocco.* 8302

Alexander Solschenizyn, *Matrjonas Hof.* (Zweispr.) 7945

Arno Schmidt, *Windmühlen.* 8600

Botho Strauß, *Über Liebe.* 8621

Gabriele Wohmann, *Treibjagd.* 7912

Christa Wolf, *Neue Lebensansichten eines Katers. Juninachmittag.* 7686

Philipp Reclam jun. Stuttgart